Froh zu sein bedarf es wenig …

Märchen und Weisheiten, die guttun

Herausgegeben von Reinhard Abeln

Kaufmann Verlag

Bibliografische Information Der Deutschen Bibliothek

Die Deutsche Bibliothek verzeichnet diese Publikation in der Deutschen Nationalbibliografie; detaillierte bibliografische Daten sind im Internet über http://dnb.ddb.de abrufbar.

1. Auflage 2008

Umschlaggestaltung: Stefan Heß und Rolf Zilling unter Verwendung einer Fotografie © Thomas Northcut/Getty images
Hergestellt bei Freiburger Graphische Betriebe, Freiburg
ISBN 978-3-7806-3051-3

Inhaltsverzeichnis

Jeder ist seines Glückes Schmied.

Was wäre das Leben, hätten wir nicht den Mut, etwas zu riskieren?

Man muss das Unmögliche versuchen, um das Mögliche zu erreichen.

Was ein Mensch an Gutem in die Welt hinausgibt, geht nicht verloren.

Ein Tropfen Liebe ist mehr als ein Ozean Verstand.

**Wenn du eine weise Antwort verlangst,
musst du vernünftig fragen.**

**Zu glauben ist schwer,
nichts zu glauben ist unmöglich.**

Jeder ist seines Glückes Schmied.

Matthias Claudius

Die ungleichen Brüder

Von zwei unbemittelten Brüdern hatte der eine keine Lust und keinen Mut, etwas zu erwerben, weil ihm das Geld nicht zu den Fenstern hineinregnete. Er sagte immer: „Wo nichts ist, kommt nichts hin." Und so war es auch. Er blieb sein Leben lang der arme Bruder „Wo-nichts-ist", weil es ihm nie der Mühe wert war, mit einer kleinen Ersparnis den Anfang zu machen, um nach und nach zu einem größeren Vermögen zu kommen.

So dachte der jüngere Bruder nicht. Der pflegte zu sagen: „Was nicht ist, kann noch werden." Er hielt das Wenige, was ihm von der Hinterlassenschaft seiner Eltern zugefallen war, zu Rat und vermehrte es nach und nach durch eigene Ersparnis, indem er fleißig arbeitete und eingezogen lebte. Anfänglich ging es hart und langsam. Aber sein Sprichwort „Was nicht ist, kann noch werden" gab ihm immer Mut und Hoffnung.

Mit der Zeit ging es besser. Er wurde durch unverdrossenen Fleiß und Gottes Segen noch ein reicher Mann und ernährt jetzt die Kinder des armen Bruders „Wo-nichts-ist", der selber nichts zu beißen und zu nagen hat.

Nach Johann Peter Hebel

Befreit – zum Leben

Man denke sich: Menschen sitzen in einer höhlenartigen Behausung. Von Kind an sind sie an den Füßen und am Hals gefesselt. Sie können sich nicht umsehen. Sie blicken nur auf die Höhlenrückwand.

Hinter dem Eingang brennt ein Feuer. Dessen Schein erleuchtet spärlich die Höhle. Wenn nun Menschen, Gegenstände tragend, draußen vorbeihuschen, sehen die Gefesselten nur deren Schatten. Da sie aber nichts anderes kennen, meinen sie, dies sei die ganze Wirklichkeit der Welt.

Angenommen aber, einer von ihnen wird von seinen Fesseln gelöst. Dann kann er sich umdrehen und den Ausgang der Höhle erreichen. Sicher wird er sich zunächst von dem schmerzenden Licht der Sonne abwenden. Er wird im Augenblick auch noch nicht imstande sein, die Dinge und die Menschen, die er sieht, richtig zu benennen.

Angenommen aber, es schleppt ihn einer ins volle Sonnenlicht, dann wird er sich nach all dem Dunkel allmählich doch an die Helligkeit gewöhnen. Und schließlich wird er fähig werden, die Sonne zu betrachten, wie sie ist, nicht ihren Widerschein. Allmählich wird der Befreite dann erkennen, dass sie es ist, welche die Jahreszeiten und die Jahre bewirkt, über allem waltet und das Leben lenkt.

Nun wird dieser Mensch glücklich sein und seine einstigen Mitgefangenen bedauern. Nichts wird ihn mehr locken, noch einmal drunten in der dunklen Höhle zu leben. Er ist entfesselt worden – von den Schatten zur Eigentlichkeit, vom Widerschein zur Wirklichkeit. Das ist ein Gleichnis für das Leben des Menschen, der zum Wahren und zum Wirklichen befreit werden muss.

Aus dem Höhlengleichnis aus Platons „Staat“

Das Hemd des Glücklichen

Ein reicher Mann war schwer krank. In seiner Not versprach er, die Hälfte seines Besitzes dem zu geben, der ihn gesund machen würde.

Da kamen viele Leute zu ihm und erteilten ihm ihre Ratschläge. Und alle wollten von ihm entlohnt werden. Nur, der Erfolg blieb aus. Keiner hatte das Rezept, das ihn heilen konnte.

In seiner Ratlosigkeit folgte der Reiche schließlich einem absonderlichen Vorschlag, den ihm einer gemacht hatte: „Du musst einen glücklichen Menschen finden, ihm das Hemd ausziehen und es dir anlegen. Das wird dir helfen!“

Der Reiche schickte seine Diener aus. Sie sollten einen glücklichen Menschen suchen. Aber lange Zeit konnten sie niemanden finden, der ganz zufrieden und glücklich gewesen wäre. Wer reich war, war krank; wer gesund war, war arm; wer gesund und reich war, der hatte viele Sorgen. Über irgendetwas hatte sich ein jeder zu beklagen. Bei keinem fanden sie so recht den Frieden und die Zufriedenheit.

Eines Abends kam einer der Diener des reichen Mannes an einer elenden Hütte vorbei. Von drinnen war eine Stimme zu hören: „Gott sei Lob und Dank! Zu tun gab es heute wieder genug. Ich hatte auch das Notwendige zu essen. Jetzt kann ich mich schlafen legen. Was brauche ich mehr?“

Der Diener glaubte, endlich einen glücklichen Menschen gefunden zu haben. Er trat in die Hütte. Und was sah er? Er sah einen einfachen Mann. Der nahm ihn freundlich auf.

Schließlich sprach ihn der Diener des reichen Mannes an: „Denk dir, mein Herr ist schwer erkrankt. Bislang konnte ihm keiner und nichts helfen. Heilung wurde ihm erst versprochen, wenn er das Hemd eines glücklichen Menschen bekomme und trage. Bitte, gib ihm doch dein Hemd, denn du scheinst ein glücklicher Mensch zu sein!“

Da öffnete der Mann seine zerschlissene Jacke. Und der Diener sah es mit eigenen Augen: Der Mann hatte gar kein Hemd an, so arm war er.

Nach einem Märchen

Der Glückliche und der Unglückliche

Es waren einmal zwei Bauern, die lebten nicht weit voneinander. Der eine war reich, der andere war arm. Der Arme war freilich auch ein fleißiger Arbeiter, aber dennoch wurde er nicht reicher, als er war.

Einmal ging er in der Nacht aufs Feld, um dort nachzuschauen, aber o Wunder – was sah er da? Er sah, wie ein Mann auf dem Felde des Reichen Roggen säte.

„Was tust du hier?", fragte der Arme.

„Ich säe Roggen!", war die Antwort.

„Nun, wann kommst du denn auf *mein* Feld säen?", fragte der arme Mann.

„Niemals!"

„Weshalb säst du denn auf dem Felde des andern?"

„Ja, ich bin eben sein Glück."

„Nun, wo ist denn *mein* Glück?", fragte der Arme.

„Dein Glück schläft dort neben jenem großen Stein", sprach der Sämann.

Der Arme eilte zum Stein, um sein Glück zu wecken.

„Höre, Mann, steh auf und geh Roggen säen!"

„Ich gehe nicht", antwortete der Schläfer.

„Ja, warum gehst du denn nicht?", fragte der Arme.

„Nun, ich bin eben kein *Landwirtsglück.*"

„Aber du bist doch *mein* Glück!“

„Ja freilich“, sagte der Schläfer, „wähl dir nur ein andres Handwerk, dann werd’ ich schon dein Glück sein.“

„Was soll ich denn werden?“, fragte der Arme.

„Werde *Kaufmann!*“

Sogleich ging der Mann nach Hause, verkaufte sein Haus und eröffnete in der Stadt einen Laden. Nun bekam er sein Glück und lebt auch heute noch glücklich.

Estnisches Märchen

Die Maske

Vor vielen, vielen Jahren lebte einmal eine wunderschöne Prinzessin im sagenumwobenen Reiche China. Sie war ihres Vaters einzige Tochter, ebenso bezaubernd wie intelligent.

Es kam für sie die Zeit zu heiraten und sie beschloss – nachdem sie mit ihrem Vater beratschlagt hatte –, nicht irgendeinen Mann vom Hofe auszuwählen.

Nein, ihr Mann sollte der schönste, klügste, aber auch gerechteste, entschlossenste und zärtlichste Mann des ganzen Königreiches sein. Sie war überzeugt, dass sich der innere Charakter eines Menschen in seinen Gesichtszügen widerspiegelt.

Und so wurden Botschafter in alle vier Himmelsrichtungen ausgesandt, um alle jungen Männer des Landes, die an eine Chance glaubten, aufzufordern, sich an einem bestimmten Tage im Palast einzufinden. Die besten unter ihnen sollten sich dann bei der Prinzessin sowie dem gesamten Hofe vorstellen …

In einer weit entfernten Provinz hauste einsam ein Mann, alles andere als schön. Schon die Rauheit seines Gesichts zeugte von der Grausamkeit seines skrupellosen Wesens. Er war ein Dieb und Mörder.

Plötzlich überfiel ihn ein verrückter Gedanke. Er brach auf und pilgerte zum besten Maskenbildner Chinas und bat ihn, die lebendigste und entzückendste Maske anzufertigen, die das Reich jemals sah. Den hohen Preis beglich er mit verruchten Pimperlingen.

Schnitzen von Masken galt in jenen Tagen als höchste Kunst und viele der schönsten Gesichter wurden seinerzeit aus Holz geschnitten. Dennoch beschaute der Übeltäter das fertige Antlitz mit erstaunten Blicken. Just setzte er es auf und beschaute sich im Spiegel.

Er konnte seinen eigenen Augen nicht mehr trauen! Anstelle des grausamen Gesichts eines Mörders sah er vor sich einen feinen, edlen Herrn, einen Mann von Macht und Würde, Stärke und Aufrichtigkeit, Liebe und Güte.

Ohne Zweifel, er würde so den Test bestehen und von all den Höflingen auserwählt werden; und alsbald machte er sich auch schon auf den Weg zum königlichen Palast. Dort mischte er sich unter die Großen des Reiches.

Sogleich erblickte ihn die Prinzessin – sein Aussehen hielt sie völlig gefangen. Üblicherweise ließ sie sich nicht so schnell beeindrucken, aber als sie den maskierten Gauner mit all den anderen ihr vorgestellten Kandidaten verglich, zögerte sie nicht länger und erwählte ihn. Nachdem die anderen Gäste gegangen waren, führte sie den Auserwählten in ihr privates Gemach, um mit ihm unter vier Augen zu reden. Alsdann fragte sie diesen „schönsten" aller Männer, ob er sie heiraten wollte.

Plötzlich befand sich der maskierte Gauner vor einer schrecklichen Wahl: Würde er abschlagen, entdeckte sie sicherlich seine wahre Identität. Und sie würden ihn zum Tode verurteilen. Er bereute, dass er sich so unüberlegt in dieses vorschnelle Abenteuer gestürzt hatte. Er sorgte sich sehr, doch plötzlich erkannte er einen Weg, Zeit zu gewinnen.

Der Prinzessin erzählte er, dass er niemals davon geträumt hätte, auserwählt zu werden, und bat deswegen um ein Jahr Bedenkzeit. Dies schien ihr eine weise Idee, und so trennten sie sich.

Von nun an konnte er sein Leben in der altgewöhnlichen Weise nicht mehr fortführen. Er musste sich ändern. Um sich selbst nicht zu betrügen, musste er sich seinem Aussehen entsprechend verhalten, auf jedes Wort achten, das er aussprach. Auch musste er lernen, sich mit viel Charme und

Anmut zu bewegen und seinen Mut zu beweisen. Er lernte Großzügigkeit und Freundlichkeit, da diese Eigenschaften in seinem Gesicht ausgedrückt waren. Er begann auch, Verständnis und Erbarmen zu zeigen. Er tröstete die Traurigen und sprach den Unglücklichen Hoffnung zu. Dabei war ihm doch ständig bewusst, dass sich sein wahres Herz von seiner Maske grundlegend unterschied.

Wie vorsichtig und klug er doch sein musste! Wie sehr er sich Mühe geben musste, seine Rolle weiterzuspielen!

Sein Herz brannte vor Zorn. Wenn die Leute seine Handlungen lobten oder gut über ihn redeten, bebte er innerlich. Er kannte seinen schlechten Kern nur zu genau. Allein – wie leicht sich die Leute durch äußere Handlungen beeinflussen ließen!

Zu seinem Entsetzen rückte der vereinbarte Termin näher und näher. Letztlich beschloss er, der Prinzessin die volle Wahrheit zu gestehen und alle Konsequenzen auf sich zu nehmen. Er näherte sich ihr, fiel zu Boden und begrüßte die Prinzessin. Er brach in Tränen aus und gab zu, dass er sie hinters Licht geführt hatte: „Ich bin nur ein Dieb und Schurke und ließ mir die Maske nur deswegen schneiden, um wenigstens einmal den königlichen Palast betreten zu können und die berühmte Prinzessin kennenzulernen. Zutiefst bedaure ich, dass ich Ihren ganzen Plan über ein Jahr lang aufgehalten habe!“

Zuerst geriet die Prinzessin in Rage, doch wollte sie es auf einen Versuch ankommen lassen. Mit einer Maske wurde sie hineingelegt und sie fragte sich, wie wohl der Mann dahinter aussehen würde. Deswegen erwiderte sie ihm: „Ja, ich bin getäuscht worden, aber wenn Sie mir einen Wunsch erfüllen, werde ich Sie frei ziehen lassen. Nehmen Sie Ihre Maske ab und zeigen Sie mir Ihr wahres Gesicht; dann können Sie gehen!"

Zitternd vor Angst lüftete der Unhold seine Maske. Nun aber brach die Prinzessin in Ärger aus: „Warum haben Sie mir etwas vorgespielt? Warum tragen Sie eine Maske, die mit Ihrem Gesicht haargenau übereinstimmt?!"

Verwirrt schüttelte der Maskierte den Kopf. Die Prinzessin reichte ihm einen Spiegel. Tatsächlich, sein wirkliches Gesicht und die Maske unterschieden sich in keiner Weise. Ein ganzes Jahr lang hatte er gelitten und gekämpft, der Maske, die er trug, gerecht zu werden. Ungewollt war er zu dem geworden, was er äußerlich vorgetäuscht hatte.

Diese Geschichte schließt wie alle Märchen: Das Paar verheiratete sich und der verwandelte Tunichtgut wurde zum größten Kaiser, den China jemals erlebt hatte.

Volksmärchen aus dem Fernen Osten

Das glücklichste Fest

Es war einmal ein armer Holzhacker, der lebte glücklich und zufrieden mit seiner Familie in einem kleinen Haus am Rande des Waldes. Obgleich er sich mit Holzfällen nur mühsam sein tägliches Brot verdiente, klang nach Feierabend für gewöhnlich Lachen und Singen aus dem kleinen Haus, sodass die Leute sich verwunderten. Eben dies aber verärgerte den König des Landes, dessen Weg zum Schloss ihn täglich am kleinen Haus vorbeiführte.

„Was haben Tagelöhner zu lachen?“, fragte er grimmig und schickte eines Tages seinen Diener mit einer Botschaft zum Holzhacker: „Mein Herr und König befiehlt dir, bis morgen früh fünfzig Säcke Sägemehl bereitzustellen. Wenn du das nicht vermagst, sollst du samt deiner Familie umkommen.“

„Ich vermag es ganz gewiss nicht“, jammerte der Holzfäller.

Seine Frau jedoch tröstete ihn: „Lieber Mann, wir haben es gut gehabt in unserem Leben. Wir hatten Freude aneinander und mit unseren Kindern und versuchten, auch andere daran teilhaben zu lassen. Es ist wahr, wir vermögen die Säcke nicht zu füllen. Deshalb lass uns auch in dieser Nacht ein Fest feiern mit unseren Kindern und Freunden zusammen. Wie wir gelebt haben, so wollen wir auch sterben.“

Und so feierten die armen Leute im kleinen Holzfällerhaus ihr schönstes und glücklichstes Fest. Nach Mitternacht ging von den Gästen einer nach dem andern schlafen. Zuletzt blieben der Holzfäller und seine Frau allein zurück. Traurigkeit überkam sie, als die Morgenröte am Horizont aufstieg. „Nun ist es aus mit uns", klagte die Frau.

„Lass gut sein", tröstete sie ihr Mann. „Es ist besser, glücklich und in Frieden zu sterben, als ein Leben in Traurigkeit und Angst zu verbringen."

Da klopfte es an der Türe. Der Holzfäller öffnete weit, um den erwarteten Diener des Königs einzulassen. Zögernd trat der Hofbeamte näher und sagte nach einer kurzen Stille: „Holzhacker, stell zwölf eichene Bretter bereit für einen Sarg. Der König ist in dieser Nacht gestorben."

Armenisches Märchen

Der ausdauernde Jun Su

Einmal lebte ein kleiner Junge namens Jun Su. Sein Vater war gestorben und so blieb er mit der Mutter allein zurück. Ihr Häuschen war armselig und öde. Manchmal war im ganzen Häuschen nicht einmal ein Körnchen Reis zu finden.

Es kam die Zeit heran, da Jun Su *lernen* sollte, aber er hatte weder Papier noch Tusche, ja nicht einmal ein Pinselchen für das Schreiben der Buchstaben. Aber Jun Su entschloss sich fest: Ich werde lernen! Und er begann zu überlegen, wie er die Not täuschen konnte.

Am nächsten Morgen begab er sich zu dem reichen Nachbarn und sprach zu ihm: „Ich hörte, dass Sie einen Diener für Ihr Haus suchen. Nehmen Sie mich! Ich bin zwar noch nicht alt genug, aber dafür will ich auch nicht viel. Erlauben Sie mir nur manchmal zuzuschauen, wie Ihre Söhne lernen, und ich werde zufrieden sein."

Der Reiche freute sich. Er hatte einen Arbeiter gefunden, der nichts kostete, und daher erklärte er sich einverstanden.

Vom Morgen bis zum Abend plagte sich Jun Su im Hause des Reichen. Man überließ ihm die ganze schmutzige und schwere Arbeit. Aber dafür konnte Jun Su manchmal in die Bücher schauen, aus denen die Kinder des Herrn lernten. Manchmal gelang es ihm sogar, einer ganzen Stunde des Unterrichts zuzuhören. Der Lehrer kam – Jun Su versteckte sich in eine Ecke und hörte zu. So lernte er. Schon nach einem Jahr begann er, sich selbst Wörter zu zergliedern. Aber leider: *Schreiben* konnte er nicht. Jun Su überlegte, was zu tun sei.

Jun Su lebte mit seiner Mutter in dem kleinen Häuschen hart am Ufer des Meeres. Die Wellen ebneten den ganzen Tag den feinen Meeressand. Jun Su nahm sich ein langes Stöckchen und ging ans Ufer. Schnell zeichnete er ein Wort in den Sand. Die Welle kam herangerollt und spülte alles weg. So konnte er unendlich viel schreiben ohne Pinselchen und ohne Papier. Aber jetzt gelüstete ihn nach den *Büchern*. Einmal trat er vor seinen reichen Herrn und sprach: „Ich habe für Sie unentgeltlich gearbeitet, jetzt möchte ich um Lohn bitten. Wenn Sie mir gestatten, Ihre Bücher zu lesen, bin ich bereit, noch ein Jahr bei Ihnen zu arbeiten."

Der Herr wollte einen so vorteilhaften Arbeiter nicht verlieren, und so willigte er ein.

Jetzt hatte Jun Su auch Bücher.

Es kam der Winter und die Tage wurden kürzer. Jun Su musste bis in die Dunkelheit hinein arbeiten und lernen konnte er nur in der Nacht. Er war so arm, dass er sich nicht einmal Öl für die Lampe kaufen konnte. Aber auch jetzt ergab er sich nicht.

Wenn der Mond leuchtete, las und schrieb er bei dessen Licht. Und wenn der Mond nicht schien, sammelte sich Jun Su Leuchtkäfer und klebte sie auf ein Bambusstöckchen. Bei dem schwachen Lichtschein der Glühwürmchen las der ausdauernde Jun Su in den Nächten die Bücher seines Herrn.

Es vergingen viele Jahre. Jun Su hatte sein Ziel erreicht – er wurde ein großer Gelehrter. Und bis zum heutigen Tage erinnern sich die Leute an die *Ausdauer* des kleinen, armen Jun Su.

Chinesisches Märchen

Wo der Himmel beginnt

Zwei Mönche lebten schon viele Jahre gemeinsam in einem Kloster. Oft lasen sie in einem alten Buch. Darin war vermerkt, dass es am Ende der Welt einen Ort gebe, an dem der Himmel und die Erde sich berührten.

Die zwei Mönche beschlossen, diesen Ort zu suchen und so lange unterwegs zu bleiben, bis sie ihn gefunden hätten. So zogen sie aus und durchwanderten die Welt. Dabei bestanden sie unzählige Gefahren und mussten all die Entbehrungen erleiden, die eine solche Wanderung durch die Welt mit sich bringt. Sie mussten auch viele Versuchungen bestehen, die einen Menschen von solchem Vorhaben und Ziel abbringen wollen.

An jenem Ort, so hatten die Mönche gelesen, sei eine Tür. Man müsse an ihr klopfen. Hinter der Türe befinde sich das Paradies; dann sei man bei Gott.

Die zwei Mönche fanden schließlich, was sie suchten. Sie klopften demütig an die Tür, diese öffnete sich. Und als sie eintraten und die Pforte durchschritten hatten, siehe da: Da waren sie wieder in ihrem Kloster und in ihrer Klosterzelle.

Da begriffen die beiden: Der Ort, an dem Himmel und Erde sich berühren, ist immer der Ort, den Gott uns Menschen auf dieser Welt zugewiesen hat.

Nach einer alten Legende

Mann und Frau

Unser Schöpfer und Herr hatte gerade den Mann erschaffen. Erde und Lehm waren dafür verbraucht. Woraus sollte er nun bloß die Frau, die Partnerin und Gefährtin des Mannes, machen?

Darüber dachte Gott lange nach. Dann kam ihm der Einfall.

Er nahm das Rund des Mondes, die Schmiegsamkeit der rankenden Weinrebe und das Zittern des Grases; die Schlankheit des Schilfstängels und die Blütenpracht der Blumen; die Leichtigkeit der Blätter und die Heiterkeit der Sonnenstrahlen; die Tränen der Wolken und die Unstetigkeit der Winde; die Furchtsamkeit des Hasen und die Eitelkeit des Pfaus; die Weichheit der Papageienbrust und die Härte des Diamanten; die Süße des Honigs und die Kampfbereitschaft des Tigers; das Brennen des Feuers und die Kälte des Schnees; die Geschwätzigkeit der Elster und den Gesang der Nachtigall; die List des Fuchses und die große Treue der Wildenten.

Alle diese Elemente vereinigte der Schöpfer zu einem neuen Wesen und führte die Frau dem Manne zu.

Nach einer Woche kam der Mann zu Gott und sagte: „Herr, über diese Frau, die du mir gegeben hast, bin ich gar nicht glücklich. Sie redet zu viel und will immer etwas von mir, sodass ich keine Ruhe mehr habe. In jedem Augenblick soll ich ihr

Aufmerksamkeit schenken; auf diese Weise vergeude ich meine ganze Zeit. Sie bauscht jede Kleinigkeit auf – und überhaupt: Sie geht mir auf die Nerven. Deshalb bin ich gekommen, um sie dir zurückzugeben, denn ich kann nicht mit ihr leben."

„Nun gut", sagte da der Schöpfer und nahm die Frau zurück.

Eine Woche später aber kam der Mann erneut zu seinem Schöpfer und bat ihn: „Herr, mein Leben ist so leer. Seit ich dir dieses Geschöpf zurückgegeben habe, bin ich arg allein. Ich muss dauernd an sie denken – wie sie tanzte und sang, wie sie mich lächelnd ansah, wie sie mit mir plauderte und sich an mich schmiegte. Sie war so schön und so weich. Ihre Art machte mich froh. Bitte, gib mir doch die Frau wieder zurück!"

„Na, dann nimm sie dir wieder", sagte der Schöpfer und gab sie dem Mann zurück.

Aber schon nach drei Tagen kam der Mann wieder und sprach ziemlich bedrückt: „Herr, ich weiß nicht, ich kann es mir nicht erklären, aber nach all meinen Erfahrungen mit dieser Frau bin ich zu dem Schluss gekommen, dass sie mir mehr Kummer als Freude bereitet. Ich flehe dich deshalb an, nimm sie doch bitte wieder zurück!"

Diesmal sprach der Schöpfer: „Mann, mach, dass du fortkommst! Denn jetzt habe ich genug! Lebe so mit der Frau, wie du kannst!"

Darauf sprach der Mann: „Aber ich kann mit ihr nicht leben, ich sagte es dir doch!"

„Und ohne sie kannst du auch nicht leben!“, entgegnete ihm der Schöpfer, wandte dem Mann den Rücken zu und fuhr in seinem Werk fort.

Indische Legende

So können die sich ändern!

Zu Mark Twain kam ein Siebzehnjähriger und erklärte: „Ich verstehe mich mit meinem Vater nicht mehr. Jeden Tag Streit. Er ist so rückständig und hat keinen Sinn für moderne Ideen. Was soll ich denn machen? Ich halte es daheim nicht mehr aus, ich muss weg.“

Mark Twain antwortete dem jungen Mann: „Mein Freund, ich kann Sie gut verstehen. Als ich siebzehn Jahre alt war, war mein Vater genauso uneinsichtig und ungebildet. Es war nicht zum Aushalten. Aber haben Sie Geduld mit so alten Leuten! Wissen Sie, sie entwickeln sich langsamer.

Nach zehn Jahren, als ich siebenundzwanzig war, da hatte mein Vater so viel dazugelernt, dass man sich schon ganz vernünftig mit ihm unterhalten konnte. Und glauben Sie mir, heute, wo ich siebenunddreißig bin: Wenn ich keinen Rat weiß, dann gehe ich zu meinem alten Vater und frage ihn. So können die sich ändern!“

Nach Mark Twain

Die Börse, die Pfeife und der Hut

Es waren einmal drei Brüder. Einer war Sergeant, der andere ein Korporal und der dritte ein Gefreiter. Sie waren alle drei Wachposten im Wald an der Landesgrenze.

Eines Tages, als gerade der Gefreite Dienst hatte, kam eine alte Frau vorbei und fragte: „Gefreiter, erlaubst du mir, dass ich mich ein bisschen an deinem Feuer wärme?"

„Nein, liebe Frau, denn wenn meine Brüder das sähen", gab er zur Antwort, „würden sie dich töten."

„Wenn du mich an das Feuer lässt, gebe ich dir eine kleine Börse", sagte die alte Frau.

„Was soll ich mit deiner Börse?", entgegnete der Gefreite.

„Es ist keine gewöhnliche Börse", sagte die Frau. „Sie ist niemals leer. So oft du sie aufmachst, findest du fünf Louisdor (alte französische Münzen) darin."

„Gut, dann gib sie mir", sagte der Soldat zu der alten Frau.

Am nächsten Tag hatte der Korporal Dienst. Wieder kam die alte Frau vorbei und fragte: „Korporal, erlaubst du, dass ich mich ein bisschen an deinem Feuer wärme?"

„Nein, liebe Frau, denn wenn meine Brüder das sähen, würden sie dich töten", gab auch er zur Antwort.

„Wenn du mich an das Feuer lässt, gebe ich dir eine kleine Pfeife“, sagte die alte Frau.

„Was soll ich mit deiner Pfeife?“, entgegnete der Korporal.

„Das ist keine gewöhnliche Pfeife“, sagte die alte Frau. „Ein Pfiff und dir stehen auf der Stelle fünfzigtausend Infanteristen und fünfzigtausend Kavalleristen zur Verfügung.“

„Gut, dann gib sie mir“, sagte der Soldat.

Abermals einen Tag später – dieses Mal stand der Sergeant auf dem Posten – kam wieder die alte Frau und fragte: „Sergeant, erlaubst du mir, dass ich mich ein bisschen an deinem Feuer wärme?“

„Nein, liebe Frau, denn wenn meine Brüder das sähen, würden sie dich töten!“

„Wenn du mich an das Feuer lässt, gebe ich dir einen schönen kleinen Hut“, sagte die Frau.

„Was soll ich mit deinem Hut?“, entgegnete der Sergeant.

„Das ist kein gewöhnlicher Hut“, sagte die alte Frau. „Wenn du ihn aufsetzt, bist du sofort an dem Ort deiner Wünsche.“

„Gut, dann gib ihn mir“, sagte der Soldat.

Einige Tage später spielte der Gefreite mit einer Prinzessin Karten. Sie hatte einen Spiegel, in dem sie die Karten des Gefreiten sehen konnte. Auf diese Weise gewann sie natürlich leicht jedes Spiel und nahm dem Soldaten dafür die Börse ab.

Der arme Gefreite ging traurig zurück in den Wald und pfiff dabei vor sich hin – aus lauter Verzweiflung. Da begegnete er der alten Frau, die ihm die Börse gegeben hatte.

„Du pfeifst vor dich hin, guter Mann“, begrüßte sie ihn, „aber du bist nicht guter Dinge.“

„Ja, so ist es“, antwortete er.

„Du hast deine Börse verspielt“, fuhr sie fort.

„Ja, woher weißt du das?“, fragte er.

„Geh zu deinem Bruder, er soll dir seine Pfeife ausleihen. Damit kannst du dann deine Börse zurückerlangen“, riet ihm die Frau.

Der Gefreite ging zu seinem Bruder, dem Korporal, und bat ihn: „Gib mir deine Pfeife! Ich kann damit meine Börse wiederbekommen.“

„Und was ist, wenn du auch meine Pfeife verlierst?“, fragte der Bruder.

„Nein, du brauchst keine Angst zu haben“, sagte der Gefreite. Er nahm die Pfeife und ging wieder zu der Prinzessin, um Karten zu spielen. Sie gewann auch diesmal und nahm dem Soldaten auch die Pfeife ab. Traurig machte er sich durch den Wald auf den Heimweg und pfiff verzweifelt vor sich hin. Er traf wieder die alte Frau.

„Du pfeifst vor dich hin, guter Mann“, sagte sie, „aber du bist nicht guter Dinge.“

„Ja, so ist es“, gab er zur Antwort.

„Du hast die Pfeife verspielt“, sagte sie.

„Ja“, entgegnete er.

„Geh zu deinem Bruder, er soll dir seinen Hut ausleihen, damit kannst du deine Börse und die Pfeife zurückerlangen“, riet ihm die Alte.

„Gib mir deinen Hut“, bat der Gefreite seinen Bruder, den Sergeanten. „Ich kann damit meine Börse und die Pfeife wiederbekommen.“

„Und was ist, wenn du auch meinen Hut verlierst?“, fragte der Bruder.

„Nein, du brauchst keine Angst zu haben“, sagte der Gefreite, nahm den Hut und ging wieder zur Prinzessin, um Karten zu spielen. Mit Hilfe ihres Spiegels gewann sie auch das dritte Mal und nahm dem Soldaten den Hut ab.

Auf dem Rückweg durch den Wald traf er wieder die Alte. „Du pfeifst vor dich hin, guter Mann“, sagte sie, „aber du bist nicht guter Dinge.“

„Ja, so ist es“, sagte der Soldat traurig.

„Du hast auch noch den Hut verspielt. Nimm hier die Äpfel, verkaufe sie an die Prinzessin für einen Louisdor das Stück“, sagte die Frau.

Der Gefreite ging, als Händler verkleidet, vor das Schloss und hielt am Portal die Äpfel feil.

Die Prinzessin schickte die Kammerfrau, sie solle sich erkundigen, was der Mann anzubieten habe. Die Kammerfrau berichtete der Prinzessin, dass der Mann Äpfel für einen Louisdor das Stück anbiete.

„Das ist recht teuer“, sagte die Prinzessin, „aber geh hin und kauf ihm fünf Stück ab!“

Als die Kammerfrau mit den Äpfeln kam, gab die Prinzessin ihr zwei, drei aß sie selbst. Auf der Stelle wuchsen ihnen Hörner; zwei der Kammerfrau, drei der Prinzessin. Sie waren entsetzt und verstört. Der König ließ den berühmtesten Arzt des Landes kommen, um die Hörner abschneiden zu lassen, doch je mehr dieser davon abschnitt, desto größer wurden sie.

Da kam die alte Frau wieder zu dem Gefreiten und brachte ihm zwei Flaschen mit Wasser und sagte: „Geh mit den Flaschen zu der Prinzessin! Das Wasser der einen Flasche macht die Hörner noch länger, das der anderen lässt sie abfallen."

Der Soldat ließ sich bei der Prinzessin als bekannter und erfolgreicher Arzt melden. Verkleidet besuchte er sie und bot seine Medizinen an. Der Kammerfrau gab er von dem Wasser, das die Hörner abfallen ließ, der Prinzessin von dem, das die Hörner noch länger machte. Dann sagte er: „Verehrte Prinzessin, Ihr müsst ein schlechtes Gewissen haben, da Eure Hörner noch gewachsen sind."

„Nein, durchaus nicht", log sie.

„Dann kann ich Euch nicht helfen", sagte der falsche Arzt.

„Vielleicht liegt es an einer dummen kleinen Börse!", sagte sie darauf.

„Wollen sehen, gebt mir die Börse", sprach der Gefreite.

In dem Moment, als sie die Börse aus der Hand gab, ließ der Arzt ein Horn abfallen.

„Liebe Prinzessin, Ihr habt noch zwei Hörner. Was habt Ihr sonst noch auf dem Gewissen?", fragte er weiter.

„Ich habe noch so eine kleine unscheinbare Pfeife“, gab die Prinzessin zu.

Er nahm die Pfeife und ließ das zweite Horn abfallen.

„Es muss aber noch etwas auf Eurem Gewissen lasten!“, forschte der Soldat.

„Nichts mehr, wirklich nichts mehr! Ich habe nur noch so einen alten Hut“, sagte die Prinzessin.

„Einen alten Hut? Gebt ihn mir!“

Mit diesen Worten nahm der Gefreite den Hut, wünschte sich, bei seinen Brüdern zu sein, verschwand und ließ die Prinzessin mit ihrem dritten und letzten Horn sitzen. Es heißt, sie habe es heute noch.

Französisches Märchen

Was wäre das Leben, hätten wir nicht den Mut, etwas zu riskieren?

Vincent van Gogh

Der kluge Hase

Vor langer Zeit lebten in einem fernen Land, in dem noch keine Menschen wohnten, alle Tiere friedlich zusammen. In dieses Land kam eines Tages Bruder Löwe. Er war sehr stark und deswegen ungeheuer eingebildet. Er wollte von allen Tieren bewundert werden und fing Streit an, wo er nur konnte; ja, er tötete sogar einige Tiere. Da bekamen die Tiere so große Angst vor dem Löwen, dass keines mehr wagte, sich gegen ihn zu wehren. Schließlich setzte sich der Löwe selbst zum König über alle Tiere ein und machte Bruder Schakal zu seinem Präsidenten.

Bruder Schakal verstand es, sich bei Bruder Löwe einzuschmeicheln. Darum war er auch bei den übrigen Tieren alles andere als beliebt. Doch das machte Bruder Schakal nichts aus, denn als Präsident konnte er sich's gutgehen lassen.

Nun erließ Bruder Löwe den Befehl, dass alle Tiere ihm abwechselnd jeden Abend eine königliche Mahlzeit servieren sollten. Aus Angst lehnte sich kein Tier dagegen auf. Wohl oder übel musste eines nach dem anderen dem Löwen ein schmackhaftes Abendessen zubereiten. So konnte sich Bruder Löwe jeden Abend den Bauch vollschlagen, ohne auch nur einen Finger zu rühren. Für Bruder Schakal fiel auch immer noch ein guter Bissen ab.

Eines Abends war Bruder Hase an der Reihe, dem Löwen eine Mahlzeit zu bringen. Aber woher sollte ein kleiner Hase eine Mahlzeit beschaffen, die ein so großes Tier wie Bruder Löwe gesättigt hätte? Doch Bruder Hase schien völlig unbesorgt. Er zog sein bestes Kleid an und machte sich auf den Weg zum Löwen. Unterwegs begegneten ihm die anderen Tiere: „Bruder Hase, wohin gehst du? Für wen hast du dich so herausgeputzt?"

„Ich gehe zum Bruder Löwen, um ihn ein bisschen zur Vernunft zu bringen", sagte der Hase.

„Oh, hüte dich vor ihm", erwiderten die anderen Tiere, „er wird dich sicher fressen."

„Ach, habt keine Angst, Bruder Löwe wird keinen mehr von uns fressen, dafür werde ich schon sorgen." Und der kleine mutige Hase wanderte weiter.

Sobald der Hase in die Nähe der Löwenhöhle kam, zerriss er seine Kleider und wälzte sich im Staub. Dann ging er geradewegs zum Löwen.

Der brüllte gerade: „Wo bleibt mein Fressen?!" Denn er war schon wütend, weil sich der Hase verspätet hatte.

„Tut mir leid, Bruder Löwe, aber ich komme leider mit leeren Händen“, sagte der Hase. „Ich hatte die köstlichste Köstlichkeit für dich zubereitet, doch unterwegs begegnete mir ein mächtiger Löwe und nahm mir alles weg. Ich sagte ihm, das Essen sei für dich, den König aller Tiere. Er aber brüllte, er sei der einzige König hier, und ich solle dir das ausrichten.“

Da wurde Bruder Löwe noch wütender. „Zeige mir sofort das Versteck dieses gemeinen Schufts, der es wagt, sich König der Tiere zu nennen!“

„Selbstverständlich“, antwortete der Hase.

So machten sich die beiden sofort auf den Weg. Bruder Hase führte den Löwen zu einem tiefen Wasserloch.

„Hier wohnt der grausame Löwe, aber gib acht, Bruder Löwe, dass er dich nicht auffrisst!“, warnte Bruder Hase.

„Ha, das wäre ja gelacht“, brüllte der Löwe und erblickte im Wasser einen riesigen brüllenden Löwen. Da fletschte Bruder Löwe die Zähne, und der Löwe im Wasser tat dasselbe. Mit lautem Brüllen sprang Bruder Löwe ins Wasserloch, und erst jetzt merkte er, dass der andere Löwe sein eigenes Spiegelbild im Wasser war.

Mit Mühe und Not kletterte Bruder Löwe wieder aus dem Loch und verschwand auf Nimmerwiedersehen. Der Hase aber ging vergnügt nach Hause.

Afrikanisches Märchen

Die Geschichte von der Wildtaube

Im dunklen Wald, wo unter den mächtigen und einsamen Bäumen Wunder und Schauer wohnen, hatte eine Wildtaube ihr Nest. Ganz in der Nähe, wo der Rauch aus dem Bauernhof aufstieg, lebten entfernte Verwandte von ihr, einige zahme Tauben. Mit einem Paar von ihnen traf sie öfters zusammen. Sie tauschten sich über vieles aus, sprachen über die Gunst und Ungunst der Zeit und über das tägliche Auskommen.

Die Wildtaube sagte: „Bis jetzt habe ich mein Auskommen immer gefunden. Ich lasse jeden Tag seine Plage haben. Auf diese Weise komme ich am besten durch die Welt."

Die zahmen Tauben hörten genau zu. Sie spürten, wie glücklich sie sein konnten, und sprachen: „Nein, da halten wir es schon anders. Im Taubenhaus beim reichen Bauern ist unsere Zukunft gesichert. Dort haben wir das ganze Jahr Korn in Fülle."

Als die Wildtaube in ihr Nest zurückgekehrt war, dachte sie über das Gespräch nach. Auch ihr schien es jetzt angenehm, wenn man sein Auskommen so für lange Zeit sichern konnte. Und sie dachte bei sich, dass es wohl das Beste wäre, einen größeren Vorrat an Körnern einzusammeln.

Am nächsten Morgen erwachte sie zeitiger als sonst. Eifrig machte sie sich daran, vieles einzusammeln. Sie hatte kaum mehr Zeit, zu essen und satt zu werden. Aber es war wie ein Schicksal, das über ihr schwebte: als ob es ihr nicht erlaubt wäre, Wohlstand zu sammeln. Denn jedes Mal, wenn sie ein wenig Vorrat beisammen und diesen an einem sicheren Ort versteckt hatte, war er wieder verschwunden. Indessen verhielt es sich mit ihrem Auskommen wie immer: Nach wie vor fand sie jeden Tag ihr Futter, und wenn sie sich mit weniger nährte, dann nur deshalb, weil sie sammeln wollte und sich keine Zeit zum Essen nahm. Dennoch war sie verändert: Sie litt keineswegs Not, aber sie lebte in der Einbildung, dass sie in der Zukunft einmal Not leiden könnte. Ihre Ruhe war dahin: Jetzt hatte sie plötzlich Sorgen.

Von da an war die Wildtaube bekümmert. Ihr Federkleid verlor das Farbenspiel, ihr Flug die Leichtigkeit, ihre Tage gingen dahin in fruchtlosen Versuchen, Wohlstand zu sammeln. Sie beneidete die reichen Tauben im Bauernhof, und dieser Neid zehrte an ihr. Mit solchen Gedanken hatte sie sich selbst in einer Falle gefangen, in der sie kein Vogelfänger hätte fangen können: in der Sorge um ihr Leben.

„Wohl wahr“, sprach sie zu sich selbst, „ich finde täglich so viel, wie ich essen kann. So gesehen, habe ich mein Auskommen. Den großen Vorrat, den ich sammeln will, könnte ich gar nicht auf einmal aufessen. Man kann sich ja nicht mehr als satt essen. Aber angenehm wäre es doch, wenn man der Ungewissheit ledig wäre, durch die man so abhängig wird. Allerdings kann es sein, dass die zahmen

Tauben ihr sicheres Auskommen teuer erkaufen. Vielleicht haben sie Sorgen, von denen ich bisher frei war. Aber diese Sicherung der Zukunft will mir nicht aus dem Kopf. Warum bin ich nur eine arme Wildtaube und nicht eine von den reichen Tauben in ihrem sicheren Taubenschlag voller Körner!“

Schließlich dachte sich die Wildtaube eine List aus. Sie flog eines Tages in das Bauerngehöft und setzte sich auf den Dachrücken unter die zahmen Tauben. Als sie bemerkte, dass da eine Öffnung war, durch die die anderen hineinflogen, flog auch sie hinein. Da musste wohl die satt machende Vorratskammer sein.

Als aber am Abend der Bauer kam und den Taubenschlag schloss, entdeckte er die fremde Taube. Er fing sie ein und sperrte sie in einen kleinen Käfig – um sie am nächsten Tag zu schlachten.

Nach Sören Kierkegaard

Im Gegendienst

Ein paar Mäuse sprangen mutwillig um einen schlafenden Löwen herum, und da er sich nicht rührte, begannen sie sogar, auf ihm herumzutanzen. Da wurde er wach und hatte gleich eine von ihnen gepackt.

„Ich bitte dich“, flehte die Maus, „schone mein Leben, ich will es dir auch gerne mit einem Gegendienst vergelten.“

Da musste der Löwe lachen und ließ sie los. Nach einiger Zeit aber verfing er sich in den Netzen der Jäger und vermochte sich auch mit aller Kraft nicht mehr aus den Schlingen zu befreien. Da kam die Maus herzugelaufen und nagte mit emsigem Zahn eine von den Schleifen entzwei, eine einzige nur, aber auch die anderen begannen davon aufzugehen, und der Löwe konnte seine Fesseln zerreißen.

Äsop

Ich muss den Himmel halten

Unter einem mächtigen Eichbaum lag ein kleiner Piepmatz auf seinem Rücken und streckte seine zierlichen Beinchen gegen den Himmel.

Da kam ein alter Rabe vorbeigeflogen, sah das kleine Vögelchen und fragte: „Was machst du denn da? Du liegst auf dem Rücken und hebst deine Beine empor, als ob du etwas halten müsstest."

„Ja", antwortete der kleine Piepmatz, „ich muss den Himmel halten, dass er über uns nicht einstürzt."

Gerade in diesem Augenblick löste sich ein großes Blatt vom Eichbaum und schwebte langsam zur Erde nieder. Aufgeschreckt flog das Vögelchen auf und davon. Der alte Rabe aber bemerkte: „Jetzt ist er weg, der kleine Piepmatz! Und der Himmel hält auch ohne ihn."

Alte Erzählung

Das Eichhörnchen und der Wolf

Unter einem Baume schlief ein Wolf und über ihm auf den Ästen hüpfte ein Eichhörnchen. Es sprang mutwillig umher und fiel dabei auf den Wolf. Dieser sprang auf, fing das erschrockene Tierchen und wollte es auffressen.

„Lass mich frei“, bat das Eichhörnchen.

„Gut“, entgegnete der Wolf, „aber du musst mir dafür erzählen, warum ihr Eichhörnchen immer so fröhlich seid. Ihr hüpft und springt tagtäglich von Baum zu Baum, von Ast zu Ast, während mir stets traurig zumute ist.“

„Ich kenne den Grund“, sagte das Eichhörnchen. „Aber ich habe große Angst vor dir. Lass mich los, und ich sage dir, warum du nicht so von Herzen froh sein kannst wie wir kleinen Gesellen.“

Der Wolf gab daraufhin dem Eichhörnchen die Freiheit zurück. Wohlweislich sprang es auf einen Baum und sprach: „Du bist deshalb immer so unlustig und traurig, weil du böse und misstrauisch bist. Daher hat dich mürrischen Gesellen auch niemand gern. Wir hingegen sind deshalb so fröhlich, weil wir niemandem etwas Böses zufügen. Daher sind wir auch überall gern gesehen, und alle haben uns lieb!“

Russische Fabel

Das verwandelte Reiskorn

Ich ging als Bettler von Tür zu Tür die Dorfstraße entlang. Da erschien in der Ferne dein goldener Wagen wie ein schimmernder Traum und ich fragte mich, wer dieser König der Könige sei. Hoffnung stieg in mir auf: Die schlimmen Tage schienen vorüber; ich erwartete Almosen, um die man nicht bitten musste, und Reichtümer, die in den Sand gestreut wurden.

Der Wagen hielt an, wo ich stand. Da fiel dein Blick auf mich und mit einem Lächeln stiegst du aus. Endlich fühlte ich mein Lebensglück gekommen. Dann strecktest du plötzlich die rechte Hand aus und sagtest: „Was hast du mir zu schenken?“

Welch königlicher Scherz war das, bei einem Bettler zu betteln! Ich war verlegen, stand unentschlossen da, nahm schließlich aus meinem Beutel ein winziges Reiskorn und gab es dir. Doch wie groß war mein Erstaunen, als ich am Abend meinen Beutel umdrehte und zwischen dem wertlosen Plunder das kleine Korn wiederfand – zu Gold verwandelt. Da habe ich bitterlich geweint, es tat mir leid, dass ich nicht den Mut gefunden hatte, dir mein Alles zu geben.

Nach Rabindranath Tagore

In den Armen des Vaters

Eines Nachts bricht in einem Haus ein Brand aus. Während die Flammen emporschießen, stürzen Eltern und Kinder aus dem Haus. Entsetzt sehen sie dem Schauspiel zu.

Plötzlich bemerken sie, dass der Jüngste fehlt, ein fünfjähriger Junge, der im Augenblick der Flucht vor Rauch und Flammen Angst bekam und in den oberen Stock kletterte. Man schaut einander an. Keine Möglichkeit, sich in das Haus zurückzuwagen, das immer mehr zu einem Glutofen wird.

Da öffnet sich oben ein Fenster. Das Kind ruft um Hilfe.

Sein Vater sieht es und schreit ihm zu: „Spring!" Das Kind sieht nur Rauch und Flammen. Es hört aber die Stimme des Vaters und antwortet: „Vater, ich sehe dich nicht!"

Der Vater ruft ihm zu: „Aber ich sehe dich, und das genügt, spring!"

Das Kind sprang und fand sich heil und gesund in den Armen des Vaters, der es aufgefangen hatte.

Aus Deutschland

Zerstörte Hoffnung

Eine arme Frau fand ein Ei. Da rief sie ihre Kinder und sagte ihnen: „Kinder! Von nun an brauchen wir uns nicht zu sorgen. Es wird uns nichts mehr fehlen. Seht, ich habe ein Ei gefunden. Aber wisset, wir werden es nicht essen, sondern wir werden den Nachbarn bitten, dass er das Ei unter seine Henne legen soll, damit aus dem Ei eine Henne hervorkomme. Auch die Henne werden wir nicht essen, sondern wir werden sie auf Eier setzen, und von den Eiern werden neue Hennen hervorkommen, und die Hennen werden noch Eier legen, und wir werden viele Eier und viele Hennen haben. Wir werden aber weder die Eier noch die Hennen essen, sondern wir werden sie verkaufen und ein Kalb kaufen. Auch das Kalb werden wir nicht essen, sondern wir werden es großziehen, bis aus ihm eine Kuh wird. Aus der Kuh werden Kälber geboren werden, und wir werden eine ganze Herde haben. Wir werden die Herde verkaufen und ein Feld kaufen, wir werden verkaufen und kaufen, wir werden verkaufen und kaufen …“

Während diese arme Frau so redete, fiel das Ei aus ihrer Hand und zerbrach.

Erzählt nach Schlomo Karlin (1738–1792)

Man muss das Unmögliche versuchen, um das Mögliche zu erreichen.

Hermann Hesse

Die Befreiung des Gefangenen

Es war einmal ein hoher Beamter bei seinem König in Ungnade gefallen. Der Herrscher ließ ihn im obersten Stock eines hohen Turms einkerkern. In einer mondhellen Nacht kletterte der Gefangene auf eine Turmzinne und schaute hinab in die schwindelnde Tiefe; dort unten erblickte er seine Frau.

Sie machte ihm ein Zeichen und berührte die Mauer des Turmes. Erwartungsvoll blickte der Mann hinunter, gespannt, was seine Frau vorhabe. Er konnte nicht hören, was sie ihm zurief. Aber sie hatte einen Plan: An einem Käferchen, dessen Fühler sie mit Honig bestrichen hatte, befestigte sie einen winzigen Seidenfaden. Dann setzte sie das Tier – mit den Fühlern nach oben – an die Turmmauer, gerade unterhalb der Stelle des Turmes, wo sie hoch oben ihren Mann hatte stehen sehen.

Der Käfer krabbelte langsam – immer dem Geruch des Honigs folgend – höher hinauf, bis er schließlich bei dem Gefangenen ankam. Der sah den dünnen Seidenfaden, löste ihn vom Insekt und zog ihn nach. Langsam und vorsichtig. Der Faden wurde immer schwerer; es schien, als hänge etwas dran.

Der Gefangene zog ihn weiter nach oben. Und als er ihn ganz zu sich heraufgezogen hatte, merkte er, dass am Ende ein Zwirnsfaden befestigt war. Den zog er gleichfalls nach oben. Und auch der Zwirnsfaden wurde immer schwerer. An seinem Ende war eine dicke Schnur befestigt. Der Gefangene zog auch sie zu sich nach oben. Schließlich ging die Schnur in ein Seil über. Wieder zog der Gefangene kräftig an, bis er ein langes, starkes Seil in den Händen hielt.

Er befestigte es an einer der Turmzinnen und ließ sich daran hinab. Er war frei! Glücklich schloss er seine Frau in die Arme. Schweigend gingen sie hinein in die lautlose Nacht …

Nach einem indischen Märchen

Deine Last hat mich stark gemacht

Ein Mann voller Neid sah an einer Wasserstelle mitten in der Wüste Sahara eine junge Palme heranwachsen. Da er im Herzen böse war, konnte er diesen Anblick nicht ertragen. So entschloss er sich, die Palme zu verderben.

Er nahm einen schweren Stein und legte ihn mitten in die Krone des Baumes. „Dieser Stein wird dich erdrücken und verderben", grinste der Missgünstige.

Im ersten Wind, der aufkam, schüttelte sich der junge Baum. Aber es gelang ihm nicht, seine schwere Last abzuwerfen. Da entschloss sich die Palme, mit dieser Last zu leben. Sie grub ihre Wurzeln tiefer in die Erde und sog das Nass in sich auf. So wurde sie immer kräftiger und kräftiger. Ihre Blätter wurden groß, ihre Krone stark. Nach Jahren kam der böse Mann zurück, um den verkrüppelten Baum zu sehen und sich über seine Leiden zu freuen. Aber er suchte vergebens. Die Palme, inzwischen zur größten und stärksten der ganzen Oase herangewachsen, sagte zu ihm: „Ich muss dir danken, deine Last hat mich stark gemacht."

Afrikanische Geschichte

Freunde müssen einander helfen

Eine Ameise und eine Grille gingen gemeinsam des Weges. Sie kamen an einen kleinen Fluss. Die Grille sagte: „Ameise, meine Freundin, ich kann über den Fluss hinüberspringen. Wie steht es mit dir?"

„Das kann ich sicher auch", meinte die Ameise.

Sofort sprang die Grille hinüber, mit Erfolg. Auch die Ameise versuchte es, glitt aber aus und fiel ins Wasser.

„Hilf mir, Grille, zieh mich mit einem Seil heraus!", rief sie ängstlich.

Die Grille lief davon und suchte ein Seil. Da traf sie das Schwein und sie sagte: „Liebes Schwein, hilf mir bitte! Gib mir ein paar von deinen Borsten, damit ich ein Seil machen kann, um der Ameise, die in den Fluss gefallen ist, zu helfen."

Das Schwein antwortete: „Gib mir erst eine Kokosnuss. Dann werde ich dir meine Borsten geben."

Schnell lief die Grille davon und suchte die Kokospalme auf. Sie sagte: „Kokospalme, bitte hilf mir! Gib mir eine von deinen Nüssen, damit ich sie dem Schwein geben kann, damit es mir von seinen Borsten gibt, damit ich ein Seil machen kann, um der Ameise, die ins Wasser gefallen ist, zu helfen."

„Vertreib erst die Krähe, die sich auf meine Blätter gesetzt hat. Dann werde ich dir eine Kokosnuss geben", antwortete die Palme.

„Krähe, willst du bitte die Kokospalme verlassen, damit sie mir eine Nuss gibt, die ich dem Schwein geben kann, damit das Schwein mir von seinen Borsten gibt, aus denen ich ein Seil machen will, um der Ameise herauszuhelfen, die ins Wasser gefallen ist."

Und was antwortete die Krähe? „Ich werde weggehen, vorausgesetzt, du gibst mir ein Ei."

Die Grille lief davon und suchte das Huhn auf und erbat von ihm ein Ei. Aber das Huhn antwortete: „Bring mir ein paar Körner Reis und Mais, dann werde ich dir ein Ei geben."

Schnell eilte die Grille zum Vorratsspeicher und erbat ein paar Körner Reis und Mais. Der Vorratsspeicher antwortete: „Vertreib erst die Maus, die sich in meinem Innern eingenistet hat! Dann werde ich dir Reis und Mais geben.“

Die Maus aber wollte nur unter der Bedingung fortgehen, dass sie zuerst Kuhmilch bekam.

Da ging die Grille zur Kuh und bat sie um etwas Milch. Die Kuh antwortete: „Gib mir ein Bündel Heu, dann werde ich dir einen Becher frischer Milch geben.“

Sofort sprang die Grille auf die Wiese, schnitt Heu, und nachdem sie es gebündelt hatte, brachte sie es der Kuh.

Von der Kuh bekam sie jetzt frische Milch. Diese gab sie der Maus. Die Maus nahm die Milch und verließ den Vorratsspeicher. Von dem Vorratsspeicher bekam die Grille einige Körner Reis und Mais. Die brachte sie sofort dem Huhn. Das Huhn gab ihr jetzt das versprochene Ei, das sie schnell der Krähe gab. Die Krähe nahm das Ei und flog weg von der Kokospalme. Von der Palme bekam die Grille eine Nuss, die sie unverzüglich dem Schwein übergab. Und von dem Schwein bekam sie einige Borsten.

Als die Grille die Borsten bekommen hatte, machte sie daraus gleich ein Seil. Schnell half sie der Ameise, warf das eine Ende des Seiles in den Fluss und hielt das andere fest. Und die Ameise kletterte auf das Seil und gelangte wohlbehalten wieder ans Ufer.

„Hab Dank, liebe Grille, du meine Freundin“, sprach die Ameise gerührt.

„Aber bitte“, erwiderte die Grille lächelnd, „Freunde müssen einander helfen!“

Indonesisches Märchen

Der ungerechte Schah

In Schirwan regierte ein Schah, der ungerecht und unbarmherzig war und die Länder verwüstete. Wo er einen Bittsteller oder einen Armen sah, tötete er ihn auf der Stelle. Sein ganzes Königreich war verwüstet.

Eines Tages sah er einen Bittsteller und befahl, ihn zu töten. Der Mann sagte: „Ich bin keiner, den man tötet, denn ich kenne die Sprache der Vögel und aller anderen Tiere.“

Das gefiel dem König und er ließ den Bittsteller nicht töten. Er glaubte ihm, übergab ihn seinem Wesir und sagte: „Lerne von ihm und lehre dann mich!“

Der Wesir nahm den Mann mit sich. Er wusste, dass der Mann nur vorgegeben hatte, die Sprache der Tiere zu verstehen, weil er sein Leben retten wollte. Deshalb ließ er ihn laufen.

Es vergingen viele Tage und eines Nachts saß der Schah von Schirwan bei einem Zechgelage. Draußen schrien zwei Eulen. Dann entsann sich der König des Mannes, der die Sprache der Tiere kannte, und fragte den Wesir: „Hast du die Sprache der Vögel von dem Mann gelernt?“

Der Wesir sagte: „Ich habe sie gelernt.“

Der König fragte: „Was reden diese Eulen?“

Der Wesir erwiderte: „Der eine Eulenvater hat eine Tochter und der andere Eulenvater erbittet sie für seinen Sohn zur Frau. Der Vater des Mädchens sagt: ‚Wenn du meiner Tochter nicht siebenhundert verödete Dörfer gibst, lasse ich sie dir nicht.‘ Der Vater des Jungen sagt: ‚Wenn ich deiner Tochter die siebenhundert verödeten Dörfer gebe, was soll ich dann den anderen Bräuten bieten? Ich habe doch noch sechs andere Söhne.‘ Der Vater des Mädchens sagt: ‚Was zögerst du und sorgst dich? Wenn der Schah von Schirwan noch lange lebt, wird er noch vieles verwüsten!‘“

Das kränkte den Schah und er sagte: „Bin ich denn so ungerecht?“

Der Wesir sagte: „So reden die Eulen.“

Nach diesem Gespräch wurde der Schah barmherzig.

Persisches Märchen

Der Blinde und der Lahme

Ein Blinder und ein Lahmer wurden von einem Waldbrand überrascht. Die beiden gerieten in Angst. Der Blinde floh gerade aufs Feuer zu. „Flieh nicht dorthin!“, rief der Lahme.

Der Blinde fragte: „Wohin soll ich mich wenden?“

Der Lahme: „Ich könnte dir den Weg vorwärts zeigen, so weit du wolltest. Da ich aber lahm bin, so nimm mich auf deine Schultern, damit ich dir angebe, wie du dem Feuer, den Schlangen und Dornen aus dem Weg gehen kannst, und damit ich dich glücklich in die Stadt weisen kann!“

Der Blinde folgte dem Rat des Lahmen und zusammen gelangten die beiden wohlbehalten in die Stadt.

Märchen aus Indien

Der nächste Tag

In der Hauptstadt seines Landes lebte ein guter und gerechter König. Oft verkleidete er sich und ging unerkannt durch die Straßen, um zu erfahren, wie es mit seinem Volk stand.

Eines Abends ging er vor die Tore der Stadt. Er sah aus einer Hütte einen Lichtschein fallen und erkannte durch das Fenster: Ein Mann saß allein an seinem zur Mahlzeit bereiteten Tisch und war gerade dabei, den Lobpreis zu Gott über das Mahl zu singen.

Als er geendet hatte, klopfte der König an die Tür: „Darf ein Gast eintreten?“

„Gerne“, sagte der Mann, „komm, halte mit, mein Mahl reicht für uns beide!“

Während des Mahles sprachen die beiden über dieses und jenes. Der König – unerkannt – fragte: „Wovon lebst du? Was ist dein Gewerbe?“

„Ich bin Flickschuster“, antwortete der Mann. „Jeden Morgen gehe ich mit meinem Handwerkskasten durch die Stadt, und die Leute bringen mir ihre Schuhe zum Flicken auf die Straße.“

Der König: „Und was wird morgen sein, wenn du keine Arbeit bekommst?“

„Morgen?“, sagte der Flickschuster, „morgen? Gott sei gepriesen Tag um Tag!“

Als der Flickschuster am anderen Tag in die Stadt ging, sah er überall angeschlagen: Befehl des Königs! In dieser Woche ist auf den Straßen meiner Stadt jede Flickschusterei verboten! Sonderbar, dachte der Schuster. Was doch die Könige für seltsame Einfälle haben! Nun, dann werde ich heute Wasser tragen; Wasser brauchen die Leute jeden Tag.

Am Abend hatte er so viel verdient, dass es für beide zur Mahlzeit reichte.

Der König, wieder zu Gast, sagte: „Ich hatte schon Sorge um dich, als ich die Anschläge des Königs las. Wie hast du dennoch dein Geld verdienen können?“ Der Schuster gab Bescheid. Der König: „Und was wird morgen sein, wenn du keine Arbeit findest?“

„Morgen? Gott sei gepriesen Tag um Tag!“

Als der Schuster am anderen Tag in die Stadt ging, um wieder Wasser zu tragen, kamen ihm Herolde entgegen, die riefen: Befehl des Königs!

Wassertragen dürfen nur solche, die eine Erlaubnis des Königs haben! Sonderbar, dachte der Schuster, was doch die Könige für seltsame Einfälle haben. Nun, dann werde ich Holz zerkleinern und in die Häuser bringen. Er holte seine Axt, und am Abend hatte er so viel verdient, dass das Mahl für beide wieder bereitet war.

Und wieder fragte der König: „Und was wird morgen sein, wenn du keine Arbeit findest?"

„Morgen? Gott sei gepriesen Tag um Tag!"

Am anderen Morgen kam dem Flickschuster in der Stadt ein Trupp Soldaten entgegen. Der Hauptmann sagte: Du hast eine Axt, du musst heute im Palasthof des Königs Wache stehen. Hier hast du ein Schwert, lass deine Axt zu Hause! Nun musste der Flickschuster den ganzen Tag Wache stehen und verdiente keinen Pfennig. Abends ging er zu seinem Krämer und sagte: Heute habe ich nichts verdienen können. Aber ich habe heute Abend einen Gast. Ich gebe dir das Schwert – er zog es aus der Scheide – als Pfand; gib mir, was ich für das Mahl brauche! Als er nach Hause kam, ging er zuerst in seine Werkstatt und fertigte ein Holzschwert, das genau in die Scheide passte.

Der König wunderte sich, dass auch an diesem Abend wieder das Mahl bereitet war. Der Schuster erzählte alles und zeigte dem König verschmitzt das Holzschwert. „Und was wird morgen sein, wenn der Hauptmann die Schwerter inspiziert?"

„Morgen? Gott sei gepriesen Tag um Tag!"

Als der Schuster am anderen Morgen den Palasthof betrat, kam ihm der Hauptmann entgegen, an der Hand einen gefesselten Gefangenen: „Das ist ein Mörder. Du sollst ihn hinrichten!"

„Das kann ich nicht!", rief der Jude voll Schrecken aus. „Ich kann keinen Menschen töten!"

„Doch, du musst es, es ist Befehl des Königs!"

Inzwischen hatte sich der Palasthof mit vielen Neugierigen gefüllt, die die Hinrichtung eines Mörders sehen wollten. Der Schuster schaute in die Augen des Gefangenen. Ist das ein Mörder? Dann warf er sich auf die Knie, und mit lauter Stimme, sodass alle ihn beten hörten, rief er: „Gott, du König des Himmels und der Erde, wenn dieser Mensch ein Mörder ist und ich ihn hinrichten soll, dann mache, dass mein Schwert aus Stahl in der Sonne blitzt! Wenn aber dieser Mensch kein Mörder ist, dann mache, dass mein Schwert aus Holz ist!"

Alle Menschen schauten atemlos zu ihm hin. Er zog das Schwert, hielt es hoch – und siehe: Es war aus Holz. Gewaltiger Jubel brach aus. In diesem Augenblick kam der König von der Freitreppe seines Palastes, ging geradewegs auf den Flickschuster zu, gab sich zu erkennen, umarmte ihn und sagte: „Von heute an sollst du mein Ratgeber sein!"

Märchen aus Afghanistan

Ein Zeichen Gottes

Zehn Jahre lang lebte ein Mann mit seiner Frau recht zufrieden in der Ehe. Doch leider gebar ihm seine Gattin kein Kind. Dem Gesetz folgend, das für diesen Fall die Scheidung vorsieht, gingen die zwei zum Rabbi.

Der Rabbi sprach zu ihnen: „Bei eurer Liebe! Ihr habt zu eurer Hochzeit ein großes Fest gefeiert. Feiert noch einmal eines zu eurem Abschied!"

Sie folgten dem Rat des Rabbi und bereiteten ein großes Fest, bei dem die Frau ihrem Mann mehr süßen Wein als gewöhnlich zu trinken gab. Als er sich sehr fröhlich und wohl fühlte, sagte er zu seiner Frau: „Liebste, nimm aus meinem Haus mit, was dir am besten gefällt! Dann kehr zurück in das Haus deines Vaters!"

Und was tat die Frau? Als ihr Mann trunken eingeschlafen war, rief sie ihre Knechte und Mägde herbei und befahl ihnen, das Bett, auf dem ihr Mann schlief, in das Haus ihres Vaters zu tragen.

Dort wachte ihr Mann um Mitternacht auf. Als ihn der Weinrausch verlassen hatte, sah er sich verwundert um und fragte: „Liebste, wo bin ich denn?"

„Du bist im Hause meines Vaters", antwortete sie.

„Was habe ich denn im Hause deines Vaters zu schaffen?"

Die Frau erwiderte: „Erinnerst du dich nicht daran, dass du mir gestern Abend gesagt hast: Nimm mit, was dir am besten gefällt? Nichts, mein Geliebter, gefällt mir besser in der ganzen Welt als du!“

Der Mann sah in der Liebe seiner Frau ein Zeichen Gottes. Sie gingen wieder zusammen zum Rabbi. Dieser betete über sie; und die Frau wurde schwanger.

Rabbinische Geschichte

Und der Krieg unterblieb

Als der Krieg zwischen zwei benachbarten Völkern unvermeidlich schien, schickten die feindlichen Feldherrn Späher aus, um zu erkunden, wo man am leichtesten in das Nachbarland einfallen könnte.

Die Kundschafter kehrten zurück und berichteten auf beiden Seiten dasselbe: Es gebe nur eine Stelle an der Grenze, die sich dafür eigne, in das andere Land einzubrechen. „Dort aber“, sagten sie, „wohnt ein braver Bauer mit seiner anmutigen jungen Frau in einem kleinen Haus. Sie haben einander lieb und es heißt, sie seien die glücklichsten Menschen auf der Welt. Sie haben ein Kind. Wenn wir nun über das kleine Grundstück ins Feindesland einmarschierten, würden wir das Glück dieser drei Menschen zerstören. Also kann es keinen Krieg geben.“

Das sahen die Feldherren dann auch wohl oder übel ein, und der Krieg unterblieb, wie jeder Mensch begreifen wird.

Chinesisches Märchen

Der Supermarkt der Engel

Die Nachricht verbreitet sich blitzschnell in der ganzen Gegend: Engel haben einen gewaltigen Supermarkt eröffnet. Die größten, ausgefallensten Bedürfnisse werden dort befriedigt. In ein paar Tagen könne jeder seinen Wunschzettel einlösen.

Die konsumbegierigen Bürger machen sich ans Werk und schreiben ihre Wünsche nieder. Eine bessere Welt wollen alle: mehr Frieden, freundlichere Mitmenschen. Manche wollen eine gerechtere Verteilung der Güter dieser Welt. Eltern erwarten folgsamere Kinder, Jugendliche mehr Verständnis bei den Erwachsenen. Dreimal unterstrichen steht überall der Wunsch nach mehr Menschlichkeit zu Hause, in Schule und Betrieb. Vollbepackt mit guten Wünschen, stürmen sie den Supermarkt. Das Bild gleicht einem Sommer- oder Winterschlussverkauf.

Die Überraschung der Leute ist groß. Die Engel nehmen alle Wunschzettel freundlich entgegen: „Das alles könnt ihr haben – aber wir verkaufen nicht die Früchte, nur den Samen!"

Unbekannter Verfasser

Was ein Mensch an Gutem in die Welt hinausgibt, geht nicht verloren.

Albert Schweitzer

Drei Freunde

Ein Mann hatte drei Freunde. Zwei derselben liebte er sehr; der Dritte war ihm gleichgültig, ob dieser es gleich am redlichsten mit ihm meinte. Einst ward er vor Gericht gefordert, wo er hart, aber unschuldig verklagt war. „Wer unter euch“, so sprach er, „will mit mir gehen und für mich zeugen? Denn ich bin hart verklagt worden, und der König zürnt.“

Der erste seiner Freunde entschuldigte sich sogleich, dass er wegen anderer Geschäfte nicht mit ihm gehen könne.

Der Zweite begleitete ihn bis zur Tür des Rathauses; da wandte er sich und ging zurück, aus Furcht vor dem zornigen Richter.

Der Dritte, auf den er am wenigsten gebaut hatte, ging hinein, redete für ihn und zeugte von seiner Unschuld so freudig, dass der Richter ihn losließ und reichlich beschenkte.

Drei Freunde hat der Mensch in der Welt. Wie betragen sie sich in der Stunde des Todes, wenn ihn Gott vor Gericht fordert?

Das Geld, sein bester Freund, verlässt ihn zuerst und geht nicht mit ihm.

Seine Verwandten und Freunde begleiten ihn bis zur Tür des Grabes und kehren wieder in ihre Häuser zurück.

Der Dritte, den er im Leben oft am meisten vergaß, sind seine wohltätigen Werke. Sie allein begleiten ihn bis zum Throne des Richters; sie gehen voran, sprechen für ihn und finden Barmherzigkeit und Gnade.

Johann Gottfried Herder

Das Zwiebelchen

Es lebte einmal ein altes Weib, das war sehr, sehr böse und starb. Diese Alte hatte in ihrem Leben keine einzige gute Tat vollbracht. Da kamen denn die Teufel, ergriffen sie und warfen sie in den Feuersee. Ihr Schutzengel aber stand da und dachte: Kann ich mich denn keiner einzigen guten Tat von ihr erinnern, um sie Gott mitzuteilen?

Da fiel ihm etwas ein und er sagte zu Gott: „Sie hat einmal“, sagte er, „in ihrem Gemüsegärtchen ein Zwiebelchen herausgerissen und es einer Bettlerin geschenkt.“

Und Gott antwortete ihm: „Dann nimm“, sagte er, „dieses selbe Zwiebelchen und halte es ihr hin in den See, sodass sie es zu ergreifen vermag, und wenn du sie daran aus dem See herausziehen kannst, so möge sie ins Paradies eingehen, wenn aber das Pflänzchen abreißt, so soll sie bleiben, wo sie ist."

Der Engel lief zum Weibe und hielt ihr das Zwiebelchen hin: „Hier", sagte er zu ihr, „fass an, wir wollen sehen, ob ich dich herausziehen kann!" Und er begann vorsichtig zu ziehen – und hatte sie beinahe schon ganz herausgezogen, aber da bemerkten es die anderen Sünder im See, und wie sie das sahen, klammerten sie sich alle an sie, damit man auch sie mit ihr zusammen herauszöge.

Aber das Weib war böse, sehr böse und stieß sie mit den Füßen zurück und schrie: „Nur mich allein soll man herausziehen und nicht euch, es ist mein Zwiebelchen und nicht eures." Wie sie aber das ausgesprochen hatte, riss das kleine Pflänzchen entzwei. Und das Weib fiel in den Feuersee zurück und brennt dort noch bis auf den heutigen Tag. Der Engel weinte und ging davon.

Fjodor M. Dostojewski

Gefährten oder Tod

Ein Weiser mit Namen Choni ging einmal über Land und sah einen Mann, der einen Johannisbrotbaum pflanzte. Er blieb bei ihm stehen und sah ihm zu und fragte: „Wann wird das Bäumchen wohl Früchte tragen?"

Der Mann erwiderte: „In siebzig Jahren."

Da sprach der Weise: „Du Tor! Denkst du, in siebzig Jahren noch zu leben und die Früchte deiner Arbeit zu genießen? Pflanze lieber einen Baum, der früher Früchte trägt, dass du dich ihrer erfreust in deinem Leben!“

Der Mann aber hatte sein Werk vollendet und sah freudig darauf und er antwortete: „Rabbi, als ich zur Welt kam, da fand ich Johannisbrotbäume und aß von ihnen, ohne dass ich sie gepflanzt hatte, denn das hatten meine Väter getan. Habe ich nun genossen, wo ich nicht gearbeitet habe, so will ich einen Baum pflanzen für meine Kinder oder Enkel, dass sie davon genießen. Wir Menschen mögen nur bestehen, wenn einer dem anderen die Hand reicht. Siehe, ich bin ein einfacher Mann, aber wir haben ein Sprichwort: Gefährten oder Tod.“

Rabbinische Geschichte

Das Fest fand nicht statt

Ein Brautpaar feierte Hochzeit. Obwohl die jungen Leute arm waren, luden sie viele Menschen zur Feier ein. Sie sagten sich: Geteilte Freude ist doppelte Freude. Lasst uns ein schönes Fest begehen! Unsere eigene Freude soll auch andere anstecken. Es herrscht unter den Menschen ohnehin mehr Leid als Freude.

Also baten die Brautleute die Eingeladenen, sie möchten doch alle zu ihrer Hochzeit eine Flasche

Reiswein mitbringen. Am Eingang des Saales würde ein großes Fass stehen. In dieses sollten sie ihren Wein gießen. Jeder solle dann von der Gabe des anderen mittrinken. Und ein jeder solle durch den anderen froh und glücklich werden.

Als das Fest eröffnet wurde, geschah alles so, wie bedacht. Die Gäste kamen. Ein jeder brachte das erbetene Geschenk. Dann gingen die Diener zum Fass und schöpften daraus. Doch wie groß war das Erschrecken aller, als sie bemerkten, dass im Fass nicht Wein, sondern Wasser war, pures Wasser.

Beschämt saßen oder standen die Hochzeitsgäste da. Plötzlich wurde ihnen klar, dass jeder dasselbe gedacht hatte: „Ach, die eine Flasche Wasser, die ich ins Fass hineingieße, wird niemand bemerken und keiner herausschmecken."

Nun aber wussten sie, dass jeder so gehandelt hatte. Jeder von ihnen hatte gedacht: „Heute will ich auf Kosten anderer feiern und leben." Und alle erfasste Unruhe, Unsicherheit und Scham. Sie waren betroffen und gingen schweigend auseinander.

Aus China

Die Legende vom Senfsamen

In einem fernen Land lebte eine Frau, deren einziger Sohn starb. In ihrem Kummer ging sie zu einem heiligen Mann und fragte ihn: „Welche Gebete und Beschwörungen kennst du, um meinen Sohn wieder zum Leben zu erwecken?"

Er antwortete ihr: „Bring mir einen Senfsamen aus einem Hause, das niemals Leid kennengelernt hat! Damit werden wir den Kummer aus deinem Leben vertreiben."

Die Frau begab sich auf die Suche nach dem Zauber-Senfkorn. Auf ihrem Weg kam sie bald an ein prächtiges Haus, klopfte an die Tür und sagte: „Ich suche ein Haus, das niemals Leid erfahren hat. Ist dies der richtige Ort? Es wäre wichtig für mich."

Die Bewohner des Hauses antworteten ihr: „Da bist du an den falschen Ort gekommen", und sie zählten all das Unglück auf, das sich jüngst bei ihnen ereignet hatte.

Die Frau dachte bei sich: „Wer kann diesen armen unglücklichen Menschen wohl besser helfen als ich, die ich selber so tief im Unglück bin?" Sie blieb und tröstete sie.

Später, als sie meinte, genug Trost gespendet zu haben, brach sie wieder auf und suchte aufs Neue ein Haus ohne Leid. Aber wo immer sie sich hinwandte, in Hütten und Palästen, überall begegnete ihr das Leid.

Schließlich beschäftigte sie sich ausschließlich mit dem Leid anderer Leute. Dabei vergaß sie die Suche nach dem Zauber-Senfkorn, ohne dass ihr das bewusst wurde.

So verbannte sie mit der Zeit den Schmerz aus ihrem Leben.

Aus China

Ich sehe nur einen einzigen Sohn

Drei Frauen waren unterwegs zu einem Brunnen, um dort Wasser zu holen. Nicht weit davon saß ein alter Mann und hörte mit an, wie die Frauen ihre Söhne lobten.

„Mein Sohn", sagte die erste Frau, „ist geschickter und behänder als alle anderen."

„Mein Sohn", sagte die zweite Frau, „singt so herrlich wie eine Nachtigall. Es gibt niemanden, der eine so schöne Stimme hat wie er."

„Und du? Was kannst du von deinem Sohn Lobenswertes sagen?", fragten sie die dritte Frau, als diese schwieg.

„Mein Sohn hat nichts, was ich besonders loben könnte", entgegnete diese. „Mein Sohn ist ein gewöhnlicher Junge und hat nichts Bewundernswertes an sich."

Die Frauen füllten ihre Eimer am Brunnen und gingen heim. Der alte Mann aber schritt langsam hinter ihnen her. Die Eimer, voll des Wassers, waren schwer und die Arme der Frauen schwach. Deshalb machten sie unterwegs eine Ruhepause.

Da kamen ihnen ihre drei Jungen entgegen. Der Erste stellte sich auf die Hände und schlug Rad um Rad. Die Frauen riefen: „Was für ein geschickter Junge!"

Der Zweite sang so herrlich wie die Nachtigall und die Frauen hörten ihm zu, Tränen in den Augen.

Der dritte Junge aber lief zu seiner Mutter, hob ihren Eimer hoch und trug ihn heim.

Da fragten die Frauen den alten Mann: „Was sagst du zu unseren Söhnen?"

„Wo sind eure Söhne?", fragte der alte Mann verwundert. „Ich sehe nur einen einzigen Sohn!"

Nach einer alten Geschichte

Die beiden Brüder

Zwei Brüder wohnten einst auf dem Berg Morija. Der Jüngere war verheiratet und hatte Kinder, der Ältere war unverheiratet und allein. Die beiden Brüder arbeiteten zusammen, sie pflügten das Feld zusammen und streuten zusammen den Samen aus. Zur Zeit der Ernte brachten sie das Getreide ein und teilten die Garben in zwei gleich große Stöße, für jeden einen Stoß Garben.

Als es Nacht geworden war, legte sich jeder der beiden Brüder bei seinen Garben nieder, um zu schlafen. Der Ältere aber konnte keine Ruhe finden und sprach in seinem Herzen: „Mein Bruder hat eine Familie, ich dagegen bin allein und ohne Kinder, und doch habe ich gleich viele Garben genommen wie er. Das ist nicht recht." Er stand auf, nahm von seinen Garben und schichtete sie heimlich und leise zu den Garben seines Bruders. Dann legte er sich wieder hin und schlief ein.

In der gleichen Nacht nun, geraume Zeit später, erwachte der Jüngere. Auch er musste an seinen Bruder denken und sprach in seinem Herzen: „Mein Bruder ist allein und hat keine Kinder. Wer wird in seinen alten Tagen für ihn sorgen?" Und er stand auf, nahm von seinen Garben und trug sie heimlich und leise hinüber zum Stoß des Älteren.

Als es Tag wurde, erhoben sich die beiden Brüder, und wie war jeder erstaunt, dass ihre Garbenstöße die gleichen waren wie am Abend zuvor. Aber keiner sagte dem anderen ein Wort. In der zweiten Nacht wartete jeder ein Weilchen, bis er den anderen schlafend wähnte. Dann erhoben sie sich, und jeder nahm von seinen Garben, um sie zum Stoß des anderen zu tragen. Auf halbem Weg trafen sie plötzlich aufeinander und jeder erkannte, wie gut es der andere mit ihm meinte. Da ließen sie ihre Garben fallen und umarmten einander.

Gott im Himmel aber schaute auf sie hernieder und sprach: „Heilig, heilig sei mir dieser Ort. Hier will ich unter den Menschen wohnen."

Aus dem Hebräischen

Lieber Bambusbaum, ich brauche dich

In einem großen Garten wuchs ein Bambusbaum. Von Jahr zu Jahr wurde er kräftiger und schöner. Der Herr des Gartens hatte seine Freude an ihm. Eines Tages aber blieb er vor ihm stehen und sagte: „Lieber Bambusbaum, ich brauche dich!“

Und der Baum antwortete: „Herr, ich bin bereit, gebrauch mich, wie du willst und wozu du willst.“

Die Stimme des Herrn wurde ernst: „Um dich zu gebrauchen, muss ich dich beschneiden!“

Da erzitterte der Baum: „Mich beschneiden? Deinen schönsten Baum im Garten? Nein, das nicht, das bitte nicht! Verwende mich doch zu deiner Freude, Herr, aber nicht beschneiden!“

Da sagte der Herr noch ernster: „Wenn ich dich nicht beschneide, kann ich dich nicht gebrauchen.“

Im Garten wurde es ganz still. Der Wind hielt den Atem an. Da beugte der Bambus seinen herrlichen Kopf und sagte demütig: „Herr, wenn du mich anders nicht gebrauchen kannst, dann beschneide mich!“

Doch der Herr sagte: „Mein geliebter Bambus, ich werde dir auch deine Blätter und Äste abschneiden müssen!“

„Ach, Herr, davor bewahre mich! Wenn du willst, dann zerstöre meine Schönheit, aber lass mir meine Blätter und Äste!“

„Aber wenn ich sie dir nicht abschneide, kann ich dich nicht gebrauchen!“

Die Sonne versteckte ihr Gesicht. Ein Schmetterling flog ängstlich davon. Bis in seine Seele getroffen, flüsterte der Bambus: „Herr, dann schlag meine Äste ab!“

„Mein geliebter Bambus, ich muss dir noch mehr antun. Ich muss dich mitten durchschneiden und dein Herz herausnehmen. Wenn ich das nicht tue, kann ich dich nicht gebrauchen!“

Da neigte sich der Bambus bis zur Erde: „Herr, dann schneide!“

So fällte der Herr des Gartens den Bambusbaum, hieb seine Äste ab, teilte ihn in zwei Teile und schnitt sein Mark heraus. Dann trug er ihn mitten durch die trockenen Felder zu einer Quelle. Die verband er durch den Bambusstamm mit der Wasserrinne im Feld. Und das klare, glitzernde Wasser floss durch den zerteilten Körper des Bambus in den Kanal und auf die dürren Felder, um sie zu benetzen und eine reiche Ernte möglich zu machen. Und so wurde der herrliche Bambusbaum zum großen Segen: Er trug das Wasser in seiner Rinne überallhin – zum Leben für alle.

Chinesische Geschichte

Auf dem Grund des Sees

Tief unten am Grunde eines Sees lebte eine Muschel. Ihre Schalen waren dunkel, dunkel wie der Seegrund. Man musste sehr genau hinsehen, um die Muschel überhaupt zu erkennen. Die Muschel machte nichts aus sich. Sie begnügte sich, einfach dazuliegen und zu staunen. Es gab ja so vieles zu sehen: dunkelgrüne Wasserpflanzen, eine Unzahl von Steinen, große, kleine, runde und kantige, und viele verschiedenartige Fische. Am besten gefiel es der Muschel, wenn Vollmond war. Dann stand die runde Scheibe über dem Wasser und ihr mildes Licht leuchtete hinab auf den Grund des Sees bis zu unserer Muschel. Die lag dann ganz still da und schaute und nahm das Licht in sich hinein, in ihr Innerstes, in ihr Herz.

Eines Tages kam ein Fisch zur Muschel geschwommen. „Sieh mal an, eine Muschel“, sagte der Fisch. „Bald hätte ich dich übersehen, du kleines Muschelding.“ Der Fisch war ein sehr eingebildeter, ein sehr stolzer Fisch. Dann holte er tief Atem und schwamm vor der Muschel hin und her. So konnte man ihn von allen Seiten sehen und sein schillerndes Schuppenkleid bewundern.

„Wie schön der Fisch ist“, dachte die Muschel. „Wie kann er sich drehen und wenden! Er ist sehr beweglich und gewandt.“ Es fiel der Muschel aber nicht ein, auf den Fisch neidisch zu sein. Sie war einfach eine Muschel und saß am Boden des Sees.

Sie war damit zufrieden, zu lauschen und zu schauen.

Unser Fisch aber tanzte vor der Muschel im Kreise. Er zeigte alle seine Künste, denn er wollte bewundert werden. Dabei bemerkte er nicht, wie gefährlich es für ihn wurde. Ein anderer, riesiger Fisch nämlich kam angeschwommen, das Maul weit aufgerissen, hungrig nach Beute.

„Pass auf", rief die kleine Muschel, „pass auf!" Erschrocken fuhr der Fisch herum. Mit einem festen Schlag seiner Schwanzflossen rettete er sich in eine Felsspalte. Hier saß er nun mit klopfendem Herzen, aber nur kurze Zeit. Bald schon war alle Gefahr vergessen und der Fisch fing an, sich wieder zu zeigen. Er wollte beachtet werden. Da die Muschel ihn aber nicht bewunderte, lobte er sich selbst und schwamm eitel davon.

Eines Nachts, als der Himmel voller Sterne war und der Mond rund und voll leuchtete, kam der Fisch wieder zur Muschel geschwommen. Unsere Muschel lag da – ganz ruhig und bescheiden wie immer – und tat, was sie so gerne tat: lauschen und schauen.

„Was machst du da?", fragte sie der Fisch.

„Ich bin still", antwortete die Muschel. „Wenn man still ist, beginnen die Dinge zu reden. Alles hat seine Sprache. Hörst du das Wasser, die Pflanzen, die Steine? Wenn man ganz ruhig ist, fängt alles an zu leuchten. Siehst du den Himmel, die Sterne, den gelben Mond?"

Der Fisch verstand von alledem nichts. „Dinge können nicht reden“, meinte er. „Was du siehst, ist nichts Besonderes. Still und ruhig sein, das ist langweilig. Überhaupt – du bist ein ganz langweiliges Muscheltier. Bewegen muss man sich können – bewegen, so wie ich!“ Und verächtlich drehte er sich um und schwamm davon.

In dieser Nacht fuhr ein Fischer mit seinem Boot über den See. Er warf seine Netze aus. Als die Sonne aufging, waren die Netze voll und schwer. Der Fischer zog sie ins Boot. Unter dem Fang waren auch unsere Muschel und unser Fisch. Der Fischer begann, sein Netz zu leeren. Fisch kam zu Fisch, und bald war das halbe Boot voll mit Fischen. Einer lag neben dem anderen. Einer glich dem anderen. Auch unser stolzer Fisch machte da keine Ausnahme.

Als aber der Fischer die dunkelbraune Muschel in seine Hand nahm, spürte er: In ihr muss ein Schatz verborgen sein – und behutsam öffnete er sie. Da ergriff ihn Staunen. Noch nie hatte er etwas so Wunderbares gesehen. Die Innenseiten der Schalen glänzten wie Silber und es fand sich in der Muschel eine Perle, kostbar und schön.

Alles, was die Muschel tief unten auf dem Grund des Sees in Stille und Ruhe erlauscht und geschaut, was sie in ihr Herz aufgenommen hatte, all das war zu einem Schatz geworden – zu einer edlen Perle.

Überlieferte Erzählung

Eine große Tat

Ein alter Mann, der im Sterben lag, rief seine drei Söhne zu sich: „Ich möchte demjenigen von euch einen wertvollen Edelstein schenken, der schon einmal eine große Tat vollbracht hat."

Der älteste Sohn sprach als Erster: „Einst ließ ein Mann sehr viel Geld bei mir zurück. Ich bewahrte es auf, bis er von einer weiten Reise zurückkam. Der Mann wollte mich bezahlen, aber ich wollte nichts haben. War das nicht eine gute Tat?"

Darauf antwortete der alte Mann: „Nein, mein Sohn. Das war einfach Ehrlichkeit."

Dann sprach der zweite Sohn: „Ich habe ein Kind, das am Ertrinken war, aus einem Teich gezogen. Ich trug es zur Mutter, die froh und glücklich war. War das nicht eine gute Tat?"

Der Vater antwortete: „Das war Hilfsbereitschaft und Mitgefühl, aber keine wirklich große Tat."

Schließlich sprach der jüngste Sohn: „Ich ging in der Nacht an einer Schlucht vorbei und sah meinen größten Feind am Rande der Klippen liegen. Er war betrunken und drohte den Abhang hinunterzufallen. Ich ging hin und zog ihn an einen sicheren Platz. War das eine gute Tat?"

Der alte Vater war erfreut: „Ja, das war gut! Man kann keine größere Tat vollbringen, als seinem Feind zu helfen!" Und er schenkte den Edelstein seinem jüngsten Sohn.

Märchen aus Äthiopien

Fürst Hirse

Vor sehr langer Zeit, da die Menschen im fernen Ostasien Ackerbau und Viehzucht noch nicht kannten und stattdessen von Jagd und Fischfang lebten, regierten in China zwei Fürsten, die Brüder waren.

Der ältere Bruder war ein großer Feldherr. Er führte viele Kriege, eroberte viele Länder und brachte reiche Beute und unzählige Gefangene heim. Er errichtete mit seinem Schwert ein gewaltiges Reich, das sich über die halbe Welt erstreckte, und überall wurden ihm zu Ehren hohe Denkmäler aus Erz oder Stein aufgestellt.

Der jüngere Bruder jedoch liebte den Krieg nicht, weil dieser viel Leid über die Menschheit brachte. Er wollte, dass die Menschen einer friedlicheren Beschäftigung nachgingen und die Reichtümer höben, die in der Mutter Erde verborgen lägen. So zeigte er ihnen, wie man Hirse pflanzte und erntete und auch mit friedlicher Arbeit Reichtümer sammeln kann.

Der Ältere lachte verächtlich über seinen jüngeren Bruder: „Mit dem Anbau von Hirse wirst du nicht unsterblich werden, sondern nur dadurch, dass du große Taten vollbringst – nicht mit dem Pflug auf dem Felde, sondern mit dem Schwert im Krieg!“

„Ich bin vollkommen zufrieden“, erwiderte der Jüngere, „wenn später einmal die Menschen gern an mich als den Fürsten Hirse zurückdenken werden!“

„Du bist ein Dummkopf!“, rief der Ältere. „Kein Mensch wird sich in späteren Jahrhunderten deiner erinnern! Wenn du mir nicht glauben willst, so mache ich dir einen Vorschlag: Wir wollen nach tausend Jahren wieder auf die Erde kommen und dann feststellen, wer von uns beiden den Menschen dann noch bekannt ist und wer nicht!“

Der Jüngere hieß den Vorschlag gut und beide Brüder stritten sich nicht mehr darüber bis zu ihrem Tode. Als jedoch die tausend Jahre vergangen waren, kamen sie, wie sie vereinbart hatten, wieder zur Erde und besuchten ihr Land. Und was sahen sie da?

Das Schwert, mit dem der Ältere so viele Kriege gewonnen und so viele Länder erobert hatte, war verrostet. Sein Reich lag in Trümmern und von den vielen Denkmälern, die seinen Ruhm für ewige Zeiten verkünden sollten, stand kein einziges mehr! Die Hirse aber bedeckte unübersehbare Flächen des Landes und zeugte von dem Segen, den der jüngere Bruder gestiftet hatte. Sein Name war in aller Munde. Voller Dankbarkeit nannten ihn alle Menschen „Fürst Hirse“.

Chinesisches Märchen

Der weiße Elefant

Vor vielen, vielen Jahren lebte im Urwald ein alter weißer Elefant. In seinem Leben hatte er viele schlechte Erfahrungen gemacht. Aber nichts und niemand hatten ihm seine Güte und Freundlichkeit nehmen können. Der weiße Elefant wusste wohl, dass jede böse Tat eine weitere in sich birgt.

Trotz seiner unguten Erfahrungen war er immer freundlich und liebenswürdig. Alle hatten ihn gern. Wer nicht weiterwusste, war bei ihm gut beraten. Von den Tieren wurde er der „freundliche Elefantenkönig" genannt.

Einmal verirrte sich ein Mensch im Dickicht des Urwaldes. Er irrte zwischen Bäumen und Sträuchern umher, fand aber nicht mehr die Richtung. Laut klagte er und rief um Hilfe.

Der weiße Elefant hörte das Rufen und Klagen. Er ging zu dem Menschen und fragte: „Warum schreist du so?"

„Ich habe die Richtung verloren. Ich finde keinen Weg und fürchte, dass ich hier sterben muss."

„Fürchte dich nicht", sagte der freundliche Elefant, „ich werde dir den rechten Weg zeigen." Der Mann setzte sich auf den weißen Elefanten und ließ sich durch den Urwald tragen. Den Weg prägte er sich genau ein, um alles seinen Freunden zu erzählen.

Am Ziel setzte der weiße Elefant den Menschen ab und sagte: „Hier ist dein Weg. Geh in Frieden!"

Bevor er in den Urwald zurückkehrte, sagte er noch: „Bitte, sag niemandem, was du erlebt hast und wie ich dir geholfen habe!“

Der Mensch aber achtete nicht den Wunsch des Elefanten.

Er ging zu Handwerkern, die aus Elfenbein wunderschöne Dinge herstellen, und fragte: „Was würdet ihr mir für zwei große Stoßzähne eines lebenden Elefanten geben?“

Diese sagten: „Die Stoßzähne eines lebenden Elefanten sind hundertmal wertvoller als die eines toten. Bring sie uns! Wir werden dir viel Geld dafür geben.“

Mit einer Säge kehrte der Mensch in den Urwald zurück, wo der weiße Elefant lebte. Als er den Menschen kommen sah, fragte er: „Warum kommst du in den Urwald zurück?“

„Die Not treibt mich, weißer Elefant“, sagte der habgierige Mensch scheinheilig. „Ich habe nichts zu essen, gib mir einen deiner Stoßzähne! Ich will ihn verkaufen und davon leben.“

Der weiße Elefant war von dieser Forderung überrascht, doch er sprach: „Wenn du etwas zum Abfeilen hast, will ich dir einen meiner Stoßzähne geben.“ Er legte sich nieder und ließ sich einen Stoßzahn absägen.

Doch der Mensch, der nicht genug bekommen konnte, sagte: „Lieber Elefant, gib mir auch deinen anderen Stoßzahn noch. Die beiden Stoßzähne gehören doch zusammen!“

Der weiße Elefant war erschrocken über dieses dreiste Betragen. Dennoch erlaubte er es ihm in seiner Güte. Dann sprach er: „Glaube nicht, Mensch dass ich meine Stoßzähne nicht vermissen werde. Doch wenn du damit glücklich wirst, dann nimm das, was ich schmerzlich hergebe."

Der Mensch nahm die Stoßzähne und ging davon, ohne dem weißen Elefanten zu danken. Er verkaufte das Elfenbein für einen hohen Preis. Nach kurzer Zeit war sein Geld verbraucht.

Da ging er wieder zu dem freundlichen Elefanten in den Urwald und sagte: „Elefant, das Geld ist verbraucht. Ich bin wieder in Not. Gib mir die Stümpfe deiner Stoßzähne, damit ich sie verkaufen kann!"

„Wenn du nichts zu essen hast, dann lasse ich dir auch noch meine Stümpfe." Der Mensch sägte die Stümpfe ab und ging ohne Dank davon.

Es dauerte nicht lange, da kam der habgierige Mensch zum dritten Mal in den Urwald. Als er den weißen Elefanten traf, sagte er: „Du hast mir deine Stoßzähne und ihre Stümpfe gegeben. Gib mir nun auch noch die Wurzeln, damit ich sie verkaufen kann!"

Der freundliche Elefant erlaubte es dem bösen Menschen. Der grub an der Stelle, wo die Stoßzähne gesessen hatten, bis alle Wurzeln ausgegraben waren. Ohne sich zu bedanken, ging er fort, um sie wieder mit hohem Gewinn an die Handwerker zu verkaufen.

Der Elefant war erschrocken über die Rücksichtslosigkeit und Undankbarkeit des Menschen. Er blickte ihm traurig nach und dachte bei sich: „Und doch habe ich richtig gehandelt, als ich ihm alles gab, was er von mir forderte. Denn jede Tat hat ihre unausbleiblichen Folgen, jede Ursache hat ihre Wirkung, und jeder erntet, was er gesät hat."

Mutter Erde aber konnte diesen undankbaren, habgierigen Menschen nicht mehr ertragen. Sie öffnete sich unter seinen Füßen, und er fiel in ein tiefes Loch.

Indisches Märchen

Oschoo

Oschoo war der Sohn fleißiger Fischersleute. Er war ein guter Fischer und half seinen Eltern bei der Arbeit, wo er nur konnte. Als diese alt wurden, sorgte er für sie. Weil er immer freundlich war, kauften viele Leute ihre Fische bei ihm. Alle hatten ihn gern.

Mit der Zeit wurde Oschoo reich. Oben im Gebirge kaufte er sich einige große Teiche mit herrlichen Fischen.

In einem kalten Winter, als alle Teiche fest zugefroren waren, wurde seine Mutter sehr krank. Sie sagte zu ihm: „Ich werde bald sterben. Vielleicht aber könnte ich noch einmal gesund werden, wenn ich einen Fisch aus deinem Teich hätte."

Oschoo war traurig. Er wusste, wie dick das Eis auf den Teichen lag. Dennoch ging er los, um der Mutter einen Fisch zu holen. Der Wind pfiff so eisig vom Gebirge herunter, dass Oschoo nur wenig Hoffnung hatte, das Eis mit der Axt durchschlagen zu können.

Oschoo warf sich klagend auf das Eis. Er betete und rief den Himmel um Hilfe an. Plötzlich fühlte er eine große Wärme seinen Körper durchdringen. Rasch streifte er seine Kleider ab und legte sich ausgestreckt auf das Eis, um es mit seiner Körperwärme aufzutauen.

Es dauerte nicht lange, da taute das Eis auf, soweit der Körper reichte. Ja, es schwand so schnell unter ihm, dass er rasch aufsprang und nun mit einigen Hieben die Eisdecke entfernte. Als das geschehen war, strömten von allen Seiten Fische herbei. Oschoo wählte den besten und schönsten aus.

Zu Hause angekommen, bereitete er den Fisch so zu, wie die Mutter ihn gern aß. Als sie davon gegessen hatte, fühlte sie sich wunderbar gekräftigt, und noch ehe der Winter zu Ende gegangen, war die Mutter wieder völlig gesund.

Japanisches Märchen

Die Fee

Vor langer Zeit, als das Wasser noch aus dem Brunnen geholt werden musste, lebte eine Witwe, die zwei Töchter hatte. Die Ältere glich aufs Haar der Mutter und war genauso stolz und hochnäsig wie diese. Die Jüngere aber schlug ganz dem früh verstorbenen Vater nach und war stets freundlich und hilfsbereit. Jeder mochte dieses schöne Kind gern. Die ältere Schwester dagegen war weit und breit unbeliebt. Die Mutter allerdings verwöhnte die Ältere und hasste die Jüngere. Diese musste in der Küche essen und alle Arbeiten verrichten. Dazu gehörte auch, dass sie zweimal täglich eine halbe Stunde weit zu laufen hatte, um Wasser in einem großen Krug zu holen.

Als sie eines Tages am Brunnen stand, kam eine arme Frau des Weges und bat um einen Schluck Wasser. Ohne sich zu besinnen, schöpfte das hilfsbereite Mädchen an der tiefsten Stelle des Brunnens, wo das Wasser am frischesten war, und reichte den Krug der Frau.

Als diese getrunken hatte, sagte sie: „Weil du so hübsch, so gut und so freundlich bist, möchte ich dich belohnen." Es war nämlich eine Fee, die sich als armes Mütterchen verkleidet hatte, um zu sehen, wie hilfsbereit das Mädchen sei. „Bei jedem Wort, das du sagst", fuhr die Fee fort, „soll dir eine Perle oder ein kostbarer Edelstein aus dem Mund springen!"

Als das Mädchen nach Haus kam, fing die Mutter sofort an zu schimpfen. „Wo hast du so lange gesteckt?“

„Bitte entschuldige, liebe Mutter“, sagte das Mädchen, „dass ich so lange ausgeblieben bin.“ Bei jedem Wort aber, das sie aussprach, sprang ihr entweder eine Perle oder ein großer Diamant aus dem Munde.

„Was ist das?“, fragte da die Mutter und wunderte sich sehr. „Dir springen ja lauter Edelsteine aus dem Mund, liebe Tochter!“

Das hübsche Kind, das von der Mutter zum ersten Male mit „liebe Tochter“ angesprochen wurde, erzählte nun wahrheitsgemäß, was sich zugetragen hatte, und mit jedem Wort sprangen ihm weitere Perlen und Diamanten aus dem Mund.

„Na warte!“, sagte die Mutter, „da muss ich sofort meine Lieblingstochter hinschicken, dass sie auch so beschenkt wird.“ Und sie rief die Ältere. „Schau, mein Kind, was deiner Schwester, wenn sie spricht, aus dem Munde springt. Möchtest du nicht ebenfalls, dass deine Worte sich in Edelsteine verwandeln? Es ist ganz einfach! Du brauchst nur zum Brunnen zu gehen und Wasser zu schöpfen. Kommt eine arme Frau daher und bittet dich um einen kühlen Schluck, reichst du ihr höflich den Krug mit frischem Wasser.“

„Das könnte dir so passen“, antwortete das stolze und hochnäsige Mädchen, „dass ich zum Brunnen gehe. Nie und nimmer!“

Da wurde die Mutter zum ersten Mal zornig auf ihre Lieblingstochter und sagte: „Du gehst, und zwar sofort!“ Nun blieb der Älteren nichts anderes übrig, als sich – wenn auch widerwillig und murrend – auf den Weg zu machen. Sie nahm jedoch statt des einfachen Wasserkrugs, wie ihn die Schwester immer nahm, die schönste silberne Kanne, die es im Hause gab.

Sie war kaum am Brunnen angelangt, da erschien aus dem nahegelegenen Wäldchen eine vornehme Dame und bat um einen Schluck Wasser. Es war aber wieder die Fee, die sich diesmal als Prinzessin verkleidet hatte, um zu sehen, wie hochnäsig das Mädchen sei.

„Glauben Sie, ich bin hier, um Sie zu bedienen? Wenn Sie trinken wollen, trinken Sie aus der hohlen Hand, aber nicht aus meiner silbernen Kanne!“, sagte das Mädchen.

„Überaus gefällig bist du nicht gerade“, sagte die Fee und fuhr ruhig fort: „Du sollst auch deinen Lohn haben. Bei jedem Wort, das du sagst, wird dir eine giftige Schlange oder eine Kröte aus dem Munde springen!“

Als nun das ältere Mädchen nach Hause kam, fing die Mutter sofort an zu fragen: „Nun, was ist, liebe Tochter?“

„Was soll schon sein?“, antwortete schlecht gelaunt das Mädchen. Bei jedem Wort aber sprang ihr entweder eine Viper oder eine Kröte aus dem Mund.

„Mein Gott!“, rief die Mutter. „Was ist das? Daran kann nur deine Schwester schuld sein. Warte, das soll sie mir büßen.“ Und sogleich lief sie in die Küche, um das gehasste Kind zu schlagen.

Doch dem armen Mädchen gelang es, zu entkommen und in das Wäldchen nahe dem Brunnen zu fliehen. Dort setzte es sich unter einen großen Baum und weinte. Da aber der Königssohn gerade von der Jagd heimkehrte, sah er das unglückliche Mädchen und fragte, warum es weine und wo es herkomme und weshalb es so allein im Wald sei.

„Meine Mutter wollte mich schlagen“, sagte das Mädchen, „und so bin ich hierher geflohen.“

Als der Königssohn sah, dass dem hübschen Mädchen bei jedem Wort eine Perle oder ein Diamant aus dem Mund sprang, war er sehr erstaunt und wollte wissen, wie das möglich sei.

Da erzählte das Mädchen von der seltsamen Begegnung mit der gütigen Fee. Nun war es um den Königssohn geschehen. Er verliebte sich auf der Stelle in das Mädchen und dachte insgeheim: „Eine Frau, der, wenn sie spricht, Edelsteine und Perlen aus dem Mund fallen, wäre eine gute Partie zum Heiraten.“ Ohne viel zu fragen, nahm er das Mädchen mit ins Schloss, stellte es seinem Vater, dem König, vor und bald schon wurde die Hochzeit gefeiert.

Die hochnäsige Schwester aber, die nur Vipern und Kröten ausspuckte, hatte sich bei der Mutter so unbeliebt gemacht, dass diese sie aus dem Hause jagte. Doppelt bestraft, irrte sie lange in der Welt umher, ohne einen Menschen zu finden, der sie aufnehmen wollte; denn sobald sie nur den Mund auftat und nach einem Quartier fragte, sprangen ihr Kröten oder Schlangen aus dem Mund. Endlich legte sie sich verzweifelt am Rande eines Waldes nieder und wartete auf den Tod.

Französisches Märchen

Ist mein Geld nicht gut genug?

Ein reicher Mann dachte auch im Sterben nur an das, woran er sein Leben lang gedacht hatte: an sein Geld. Mit letzter Kraft löste er den Schlüssel vom Band, das er am Hals trug, winkte der Magd, deutete auf die Truhe neben seinem Lager und befahl, ihm den großen Beutel Geld in den Sarg zu legen.

Im Himmel sah er dann einen langen Tisch, auf dem die feinsten Speisen standen. „Sag, was kostet das Lachsbrot?“, fragte er.

„Eine Kopeke“, wurde ihm geantwortet.

„Und die Sardine?“ – „Gleich viel.“ – „Und die Pastete?“ – „Alles eine Kopeke.“ Er schmunzelte, billig, dachte er, herrlich billig!

Und er wählte sich eine ganze Platte aus. Aber als er mit einem Goldstück bezahlen wollte, nahm der Verkäufer die Münze nicht. „Alter“, sagte er und schüttelte bedauernd den Kopf, „du hast wenig im Leben gelernt!“

„Was soll das?“, murrte der Alte. „Ist mein Geld nicht gut genug?“

Da hörte er die Antwort: „Wir nehmen hier nur das Geld, das einer verschenkt hat!“

Russische Legende

Das Leben fragt auch mich

Das Leben begab sich eines Tages auf Wanderschaft durch die Welt. Es ging und ging, bis es zu einem Menschen kam. Dieser Mensch hatte so geschwollene Glieder, dass er sich kaum rühren konnte.

„Wer bist du?“, fragte es der Mann.

„Ich bin das Leben.“

„Wenn du das Leben bist, so kannst du mich sicher gesund machen“, erwiderte der Mann.

„Ja, ich will dich heilen“, sagte das Leben. „Aber du wirst mich und deine Krankheit bald vergessen.“

„Wie könnte ich euch vergessen!“, rief der Mann.

„Gut, ich will in sieben Jahren wiederkommen, dann werden wir ja sehen“, meinte das Leben. Und es bestreute den Mann mit Staub vom Wege und er war geheilt.

Dann zog das Leben weiter und kam zu einem Aussätzigen. Auch der fragte: „Wer bist du?“

„Ich bin das Leben.“

„Das Leben?“, sprach der Kranke. „Dann könntest du mich gesund machen.“

„Das kann ich“, erwiderte das Leben. „Aber du wirst mich und deine Krankheit bald vergessen.“

„Ich vergesse euch bestimmt nicht“, versprach der Aussätzige.

„Nun, ich will in sieben Jahren wiederkommen, dann werden wir ja sehen“, sprach das Leben. Und es bestreute den Aussätzigen mit Staub vom Wege und der Aussätzige ward sogleich gesund.

Wieder begab sich das Leben auf die Wanderschaft. Nach Tagen kam es zu einem Blinden. „Wer bist du?“, fragte der Blinde.

„Ich bin das Leben.“

„Das Leben?“, rief der Blinde erfreut. „Bitte, dann gib mir mein Augenlicht wieder!“

„Das will ich tun. Aber du wirst mich und deine Blindheit bald vergessen haben.“

„Ich werde euch bestimmt nicht vergessen“, versprach der Blinde.

„Nun gut, ich will in sieben Jahren wiederkommen, dann werden wir ja sehen“, antwortete das Leben. Und es bestreute auch den Blinden mit Staub vom Wege und der Mann konnte wieder sehen.

Nach sieben Jahren zog das Leben wieder in die Welt. Es verwandelte sich in einen Blinden und ging zuerst zu dem Menschen, dem es das Augenlicht wiedergegeben hatte. „Wenn es dir möglich ist, lass mich bei dir übernachten“, bat das Leben.

„Was fällt dir ein?“, schrie der Mann. „Scher dich fort! Das fehlte mir gerade noch, dass sich hier jeder Krüppel breitmacht.“

„Siehst du“, sagte da das Leben. „Vor sieben Jahren warst du blind. Damals habe ich dich geheilt. Und du versprachst mir, deine Blindheit und mich niemals zu vergessen.“

Jetzt nahm das Leben ein wenig Staub vom Wege und streute ihn auf die Spur dieses undankbaren Menschen. Und von Stund an war er wieder blind. Dann ging das Leben weiter. Es kam zu dem Menschen, den es vor sieben Jahren vom Aussatz befreit hatte. Das Leben verwandelte sich selbst in einen Aussätzigen und bat um Obdach.

„Pack dich!“, schrie der Mann. „Du wirst mich noch anstecken!“

„Siehst du“, sprach das Leben. „Vor sieben Jahren habe ich dich vom Aussatz geheilt. Damals hast du mir versprochen, mich und deine Krankheit nie zu vergessen.“

Darauf nahm das Leben ein wenig Staub vom Wege und streute ihn auf die Spur des Mannes. Im selben Augenblick wurde der Mann wieder vom Aussatz befallen.

Schließlich verwandelte sich das Leben in einen Menschen, dessen Glieder so geschwollen waren, dass er sich kaum rühren konnte. Und es besuchte auch jenen Mann, den es vor sieben Jahren zuerst gesund gemacht hatte.

„Könnte ich bei dir übernachten?“, fragte ihn das Leben.

„Gern, komm nur zu mir herein, du Armer! Setz dich! Ich will dir etwas zu essen machen. Ich kann mich in dich hineindenken. Denn auch ich hatte einmal solch geschwollene Glieder. Sieben Jahre ist es gerade her, seit das Leben hier vorüberkam und mich heilte. Damals sagte es, dass es nach sieben Jahren wiederkommen wolle. Warte hier, bis es kommt! Vielleicht wird es auch dir helfen."

„Ich bin das Leben", sprach da das Leben. „Du bist der Einzige von allen, der weder mich noch seine Krankheit vergessen hat. Deshalb sollst du auch immer gesund bleiben."

Als es sich dann von dem guten Mann verabschiedete, sagte das Leben noch: „Ständig wandelt sich das Leben. Oft wird aus Glück Unglück, Not verwandelt sich in Reichtum, und Liebe kann in Hass umschlagen. Kein Mensch sollte das jemals vergessen."

Afrikanisches Märchen

Die drei Fragen des Königs

Ein König kam einmal auf den Gedanken, dass man niemals einen Fehlschlag erleiden könnte, wenn man drei Dinge im Voraus wüsste: Wann man eine Angelegenheit beginnen müsse; mit welchen Menschen man sich abzugeben habe und mit welchen nicht; und schließlich, welche der Aufgaben, die sich einem stellen, die allerdringlichste wäre.

Lange grübelte der König darüber nach. Er fand aber keine Antwort. Da ließ er im ganzen Land verkünden, dass er denjenigen königlich belohnen wolle, der ihn über diese drei Dinge belehren würde.

Von überallher kamen gelehrte Leute und gaben dem König die verschiedensten Ratschläge:

Die einen meinten, um den richtigen Zeitpunkt für die Inangriffnahme einer bestimmten Angelegenheit zu finden, müsse man sich einen genauen Plan von Tag zu Tag, von Woche zu Woche, von Monat zu Monat und von Jahr zu Jahr machen und sich dann streng daran halten.

Andere sagten, dass es nicht möglich sei, schon im Voraus zu wissen, welche Aufgabe zu welcher Zeit zu lösen sei. Man müsse eben stets auf den Gang der Dinge achten, um dann im gegebenen Augenblick das zu tun, was sich als das Notwendigste erweise.

Wieder andere betonten, dass kein Mensch in der Lage wäre, allein die richtige Entscheidung zur rechten Zeit zu treffen. Man solle sich deshalb mit weisen Männern umgeben, die einen guten Rat erteilen könnten.

Und wieder andere meinten, dass es Dinge gebe, die keinen Aufschub zuließen. In solchen Fällen habe man sofort und allein eine Entscheidung zu treffen. Um aber zu wissen, wie man dann zu handeln habe, müsse man voraussehen können, was geschehen würde. Dazu aber wären, ihrer Meinung nach, nur Zauberer oder Wahrsager fähig.

Ebenso unterschiedlich waren auch die Antworten auf die zweite und auf die dritte Frage. Der König war so klug wie zuvor. Keiner von den Antwortenden stellte ihn zufrieden. Deshalb gewährte er auch niemandem die von ihm in Aussicht gestellte Belohnung.

Schließlich suchte der König einen Einsiedler auf, der im Walde hauste. Er ging als einfacher Mann verkleidet zu ihm. Lange vor der Einsiedelei ließ er seine königliche Begleitung zurück. Als der König bei dem weisen Einsiedler anlangte, war dieser gerade mit dem Umgraben seiner Gartenbeete beschäftigt. Die Arbeit strengte ihn an, weil er alt und gebrechlich war. Da sagte der König zu ihm: „Ich bin zu dir gekommen, weiser Einsiedler, um dich zu bitten, mir auf drei Fragen zu antworten. Ich möchte nämlich von dir erfahren, welche Zeit man für jedes Unternehmen zu wählen hat, um den richtigen Augenblick nicht zu versäumen; welche Menschen die Wichtigsten sind und mit welchen man sich deshalb vornehmlich abgeben sollte; endlich, welche Aufgaben die Dringlichsten sind und deshalb zuerst gelöst werden müssen."

Schweigend hörte der Einsiedler dem König zu, jedoch er antwortete ihm nicht. Da griff der König zum Spaten und sagte: „Du bist müde, ich werde jetzt für dich arbeiten."

Nachdem der König zwei Beete umgegraben hatte, legte er den Spaten beiseite und wiederholte seine Fragen. Aber wiederum schwieg der Einsiedler.

Und wieder nahm der König den Spaten in die Hand und grub die Erde im Garten um. Es verging eine Stunde und dann eine zweite. Die Sonne verschwand bereits hinter den Bäumen. Da steckte der König den Spaten in die Erde und sagte: „Ich bin zu dir gekommen, weiser Mann, um Antwort auf meine Fragen zu erhalten. Wenn du sie mir nicht geben kannst, so sag es mir, und ich werde wieder nach Hause gehen."

In diesem Augenblick kam aus dem nahen Wald ein bärtiger Mann gerannt. Er hielt sich mit beiden Händen den Leib. Unter seinen Händen quoll Blut hervor. Als der Mann den König erreichte, brach er zusammen und blieb auf der Erde liegen.

Der König und der Einsiedler bemühten sich um den Verletzten. Sie sahen, dass er eine tiefe Wunde am Leib hatte. Die beiden stillten das rinnende Blut und verbanden den Verwundeten. Da erwachte der Mann aus seiner Ohnmacht. Der König aber, müde von der Pflege des Verwundeten, sank in einen so tiefen Schlaf, dass er während der kurzen Sommernacht kein einziges Mal aufwachte. Als er am Morgen zu sich kam, konnte er sich lange Zeit nicht besinnen, wo er eigentlich war; auch nicht, wer dieser seltsame Mensch sei, der auf dem Bett lag und ihn durchdringend ansah.

„Verzeih mir", sagte der Verwundete. „Du kennst mich nicht, aber ich kenne dich. Ich bin dein Feind, der geschworen hatte, sich an dir zu rächen, weil du meinen Bruder hinrichten ließest und mir mein

Vermögen raubtest. Ich wusste, dass du allein auf dem Weg zum Einsiedler warst, und beschloss, dich auf dem Rückweg zu töten. Doch ich wartete einen ganzen Tag lang, und du kehrtest noch immer nicht zurück. So verließ ich mein Versteck, um zu erfahren, wo du geblieben seist. Ich stieß dabei auf deine Leibwache. Sie erkannte mich und fügte mir die Wunde zu. Es gelang mir jedoch, zu entfliehen. Ich wäre verblutet, wenn du nicht meine Wunden verbunden hättest. Ich wollte dich töten und du hast mir das Leben gerettet. Sollte ich am Leben bleiben, so werde ich dein treuester Knecht sein. Ich werde dir dienen und auch meinen Söhnen befehlen, das Gleiche zu tun. Verzeih mir, König!“

Der König war sehr froh, dass es ihm gelungen war, auf eine so leichte Weise seinen Feind zu versöhnen. Er verzieh ihm nicht nur, sondern versprach, ihm das eingezogene Vermögen zurückzuerstatten und ihm außerdem seinen eigenen Arzt und seine Diener zu schicken.

Nachdem der König sich von dem Verwundeten verabschiedet hatte, verließ er die Klause und blickte sich nach dem Einsiedler um, der wieder draußen im Garten an den Beeten arbeitete. „Ich bitte dich zum letzten Mal, weiser Mann, mir auf meine Fragen zu antworten!“

„Du hast ja bereits Antwort darauf erhalten“, sprach der Einsiedler.

„Auf welche Weise denn?“, fragte ihn der König.

Der Einsiedler antwortete: „Hättest du dich gestern nicht meiner Schwäche erbarmt und nicht statt meiner die Beete umgegraben, dann hättest du dich allein zu deiner Leibwache zurückbegeben. Und dieser Mensch hätte dich überfallen. Somit war für dich der rechte Augenblick gekommen, als du an meiner Stelle das Umgraben der Beete besorgtest, und ich war für dich in diesem Augenblick der wichtigste Mensch, und deine dringlichste Tat war, für mich Gutes zu tun. Und als jener zu uns gelaufen kam, war es gerade die rechte Zeit, seine Wunde zu verbinden. Hättest du ihm die Wunde nicht verbunden, so wäre er gestorben, ohne sich mit dir ausgesöhnt zu haben. Also war er in jenem Augenblick für dich der wichtigste Mensch. Und das, was du für ihn getan hast, war dein dringlichstes Geschäft!

Merke dir also, dass der wichtigste Zeitpunkt stets der ist, der dir im gegenwärtigen Augenblick geschenkt wird. Der allerwichtigste Mensch aber ist immer der, mit dem du gerade zu tun hast. Und die wichtigste Handlung ist stets die, Gutes zu tun und die Menschen zu lieben."

Nach Leo Tolstoi

Ein Tropfen Liebe ist mehr als ein Ozean Verstand.

Blaise Pascal

Die kleine Quelle

Einmal herrschte eine große Trockenheit in einem Gebiet südlich der Sahara. Das Steppengras kümmerte dahin, die Tiere fanden kein Wasser mehr, die Wüste war ständig im Vormarsch. Selbst dicke Bäume und an Dürre gewohnte Sträucher sahen ihrem Ende entgegen. Brunnen und Flüsse waren längst versiegt.

Nur eine einzige Blume überlebte die Trockenheit. Sie wuchs nahe einer winzigen Quelle. Doch auch die Quelle war dem Verzweifeln nahe: „Wozu mühe ich mich wegen dieser einzigen Blume, wo doch ringsum schon alles dürr ist?"

Da beugte sich ein alter Baum über die kleine Quelle und sagte, ehe er selbst starb: „Liebe kleine Quelle, niemand erwartet von dir, dass du die ganze Wüste zum Grünen bringst. Deine Aufgabe ist es, einer einzigen Blume Leben zu spenden, mehr nicht."

Märchen aus Nordafrika

Der Bettler

Ich ging die Straße hinunter. Ein dürftiger, gebrechlicher Greis hielt mich an. Entzündete, tränende Augen, fahlblaue Lippen, zerfetzte Lumpen, unsaubere Schwären. O, wie schrecklich hatte die Not dieses unglückliche Geschöpf verunstaltet! Er streckte mir seine gerötete, verschwollene, schmutzige Hand hin. Ich begann, all meine Taschen zu durchsuchen. Aber weder Geldbeutel noch Uhr, nicht einmal ein Taschentuch war da. Ich hatte nichts mitgenommen.

Der Bettler aber wartete noch immer und seine vorgestreckte Hand bebte und zitterte vor Schwäche. Verwirrt und verlegen ergriff ich diese schmutzige, zitternde Hand.

„Zürne mir nicht, Bruder, ich habe gar nichts bei mir, mein Bruder."

Der Bettler richtete seine entzündeten Augen auf mich; ein Lächeln kam auf seine fahlen Lippen – und dann drückte auch er meine erkalteten Finger.

„Lass es gut sein, Bruder", sagte er leise, „auch dafür bin ich dir dankbar. Auch das ist eine Gabe, mein Bruder."

Da fühlte ich, dass auch ich von meinem Bruder eine Gabe empfangen hatte.

Nach Iwan Turgenjew

Der Pelikan

Ein Land wurde von einer großen Hungersnot befallen.

Menschen und Tiere litten Not. Sie wussten nicht, wie sie ihr Leben erhalten konnten.

In diesem Land lebte auch ein Pelikan, der sich nicht so sehr um sein Leben als vielmehr um das Leben seiner Jungen sorgte. Sie forderten Tag für Tag ihre Nahrung.

Der Pelikan wusste keinen Ausweg mehr. In seiner großen Not bohrte er sich mit dem Schnabel ein Loch in die Brust und gab sein Blut den Jungen zu trinken.

Als die Hungersnot vorüber war, konnten die Jungen gekräftigt ins Leben hinausfliegen. Der alte Pelikan aber starb. Er hatte sein Blut, sein Leben verschenkt an seine Jungen.

Afrikanische Sage

Lesen Sie, Majestät!

Katharina Jagello war die Gemahlin des finnischen Herzogs Johann Wasa. Als ihr Mann wegen Hochverrates zu lebenslänglichem Kerker verurteilt wurde, bat sie den schwedischen König Erich, mit ihrem Gemahl die Gefangenschaft teilen zu dürfen. Der König war ganz entsetzt darüber und suchte sie davon abzubringen.

„Wissen Sie nicht, dass Ihr Mann das Tageslicht nicht mehr sehen wird?"

„Das weiß ich, Majestät!"

„Und wissen Sie auch, dass er nicht mehr als Herzog behandelt wird, sondern als Hochverräter?"

„Das weiß ich, Majestät! Doch gleichviel, ob er frei oder gefangen, ob er schuldig oder unschuldig ist, er bleibt trotzdem mein Gemahl."

„Aber nach all dem bindet Sie nichts mehr an ihn. Sie sind jetzt wieder frei!"

Katharina sagte darauf kein Wort. Sie zog nur ihren Ehering vom Finger und reichte ihn dem König mit den Worten: „Lesen Sie, Majestät!"

Auf dem Ehering standen nur die zwei Worte: „Mors sola – Der Tod allein!"

Und Katharina ging mit ihrem Gemahl ins Gefängnis und teilte siebzehn Jahre die Leiden und Entbehrungen der Gefangenschaft mit ihm, bis König Erich starb und ihr Gemahl wieder frei wurde.

Unbekannter Verfasser

Die zwei Möglichkeiten

Ein Rabbi bat einmal Gott, den Himmel und die Hölle sehen zu dürfen. Gott erlaubte es ihm und gab ihm den Propheten Elija als Begleiter mit.

Elija führte den Rabbi zuerst in einen großen Raum, in dessen Mitte auf einem Feuer ein Topf mit einem köstlichen Gericht stand. Leute saßen darum herum – mit langen Löffeln; sie alle schöpften aus dem Topf. Aber die Leute sahen blass, mager und sehr elend aus. Denn die Stiele ihrer Löffel waren viel zu lang, sodass sie das herrliche Essen nicht zum Mund bringen konnten.

Als die beiden Besucher sich aus diesem Raum entfernt hatten, fragte der Rabbi den Propheten: „Elija, sag, an welch seltsamem Ort waren wir gerade?"

Der Prophet antwortete: „Das war die *Hölle!*"

Darauf führte Elija den Rabbi in einen zweiten Raum. Dieser sah genauso aus wie der Erste. In der Mitte des Raumes brannte wieder ein Feuer und darauf kochte ein köstliches Essen. Und wiederum saßen Leute ringsum mit langen Löffeln in der Hand. Alle waren gut genährt, gesund und glücklich. Sie versuchten nicht, sich selbst das Essen zuzuführen. Sie benutzten vielmehr die langen Löffel, um sich gegenseitig zu essen zu geben.

Dieser Raum war der *Himmel.*

Rabbinische Geschichte

Das gefällt Gott

Rabbi Baruka erging sich oft auf dem Marktplatz von Lapet. Dort erschien ihm eines Tags der Prophet Elija. Rabbi Baruka sprach ihn an: „Gibt es unter den vielen Menschen hier einen Einzigen, der Anteil an der kommenden Welt haben wird?“

Der Prophet Elija antwortete: „Unter den Massen von Menschen gibt's nur jenen dort, der gerettet werden wird.“ Und der Prophet zeigte auf einen Spaßmacher, der die Leute köstlich unterhielt.

Rabbi Baruka ging auf diesen zu und fragte ihn: „Was tust du denn, durch was machst du dich nützlich?“

Der Mann antwortete ihm: „Ich bin nur ein Gaukler. Wenn ich jemand sehe, der traurig ist, dann versuche ich, ihn zu erheitern und froh zu machen. Wenn ich Menschen sehe, die sich streiten, versuche ich, sie wieder zusammenzubringen und zu versöhnen. Wenn ich Leute sehe, die sich viel einbilden und stolz sind, dann versuche ich, ihnen einen Spiegel vorzuhalten, damit sie sich recht erkennen. Wenn ich einem Menschen begegne, der im Herzen böse ist, dann versuche ich, ihn umzustimmen und besser zu machen.“

Rabbi Baruka wurde nachdenklich: „Das also gefällt Gott! Und das wird er mit der Wonne seiner Seligkeit belohnen.“

Rabbinische Geschichte

Die Steinsuppe

Einmal kamen drei hungrige Soldaten in eine Stadt und suchten um Essen nach. Sie baten die Bürger erst freundlich, dann dringend! Schließlich forderten sie, dass diese Stadt sie, die Soldaten des eigenen Heeres, gefälligst zu ernähren habe.

Die Bürger reagierten nicht. Im Gegenteil: Je drängender die Soldaten forderten, desto mehr verschlossen sich ihre Gesichter.

Da besorgten sich die Soldaten einen großen Kessel, füllten ihn geduldig mit Wasser und warfen mit auffälligen Gebärden einige Steine in den Topf. Dann machten sie Feuer.

Die Bürger aber konnten ihrer Einbildungskraft nicht widerstehen. Kaum glaublich, einige holten Karotten hervor, um den Geschmack zu verbessern, andere schlugen Salz vor, noch andere brachten Hafer, sogar Fleisch. Jeder machte sich Gedanken, wie man die Suppe verbessern könne, und trug etwas zu dem merkwürdigen Unternehmen bei.

Am Ende hatten die Soldaten nicht nur die Suppe, sondern auch die Bewohner der Stadt zu einem fröhlichen, selbstlosen Fest zusammengebracht.

Mittelalterliche Legende

Nacht und Tag

Ein Rabbi fragte seine Schüler: „Wann ist der Übergang von der Nacht zum Tag?"

Der erste Schüler antwortete: „Dann, wenn ich ein Haus von einem Baum unterscheiden kann."

„Nein", gab der Rabbi zur Antwort.

„Dann, wenn ich einen Hund von einem Pferd unterscheiden kann", versuchte der zweite Schüler eine Antwort.

„Nein", antwortete der Rabbi. Und so versuchten die Schüler nacheinander, eine Antwort auf die gestellte Frage zu finden.

Schließlich sagte der Rabbi: „Wenn du das Gesicht eines Menschen siehst und du entdeckst darin das Gesicht deines Bruders oder deiner Schwester, dann ist die Nacht zu Ende, und der Tag ist angebrochen."

Jüdische Legende

Auf dich kann man sich verlassen!

In einer Anstalt war ein Junge, der schon oft gestohlen hatte. Der Junge schien unverbesserlich zu sein. Die Erzieher wussten sich keinen Rat mehr.

Da griff der Leiter der Anstalt eines Tages zu einem Mittel, das recht gewagt erschien. Aber es half. Er rief den Jungen zu sich und sagte ihm: „Ich habe eine Rechnung zu bezahlen, geh damit auf die

Post! Von den Großen ist gerade niemand da, und von dir weiß ich, dass ich mich auf dich verlassen kann."

Der Junge traute seinen Ohren nicht. Das war doch eine unerhörte Sprache. Bisher hatte er nur immer zu hören bekommen, er sei ein Spitzbub, ein unverbesserlicher Lump, er käme noch ins Gefängnis, und wo nur immer einer von den Kameraden etwas verlegt oder verloren hatte, schaute man sich nach ihm um. Das hatte ihn verbittert und verstockt: Wenn alle es sagten, so solle es wohl so sein. Wozu sich also plagen, um anders zu werden!

Aber der Auftrag seines Lehrers tat ihm so wohl – dass ein Mensch etwas von ihm erwarte, Vertrauen zu ihm habe –, dass er mit Freude den Auftrag erledigte und … niemals wieder seine Hand nach fremdem Gut ausstreckte.

Das Vertrauen hatte ihn gerettet. Dass auf der Welt jemand war, der Gutes von ihm dachte, hatte ihm eine solche Freude gemacht und Selbstvertrauen und Mut zum Guten verliehen, dass er den Hang zur Unehrlichkeit überwand.

Unbekannter Verfasser

Das kleine Lob

Es war einmal ein kleines Lob, das größer werden wollte. Die Mutter strich ihm über den Kopf und meinte: „Ich fürchte, du bleibst ein kleines Lob. Vergiss nie: Ein kleines Lob ist besser als der größte Befehl!"

Auf seiner Wanderung in die weite Welt kam es zu einem Mann, der gerade sein Auto wusch: „Kannst du mich nicht gebrauchen – zum Loben?", fragte das kleine Lob.

Aber der putzte weiter und sagte: „Wozu loben? Ich arbeite, damit ich Geld verdiene. Ich putze, damit mein Auto sauber wird. Alles, was ich tue, hat seinen Nutzen. Aber loben ist zu nichts nütze!"

Das kleine Lob schluckte und ging weiter.

Kurze Zeit später sagte es zu einem Kind: „Ich fände es schön, wenn du mich brauchen könntest!"

Da meinte der Junge aufgebracht: „Pah, loben! Was denn? Etwa die Schulaufgaben, die ich jetzt machen muss? Dass mein Fahrrad einen Platten hat? Oder mein Brüderchen immerzu schreit? Nein, alles ist eher zum Ärgern!"

Das kleine Lob schlich traurig davon. Will denn niemand mehr loben? …

Und das kleine Lob wandte sich an eine alte Frau. „Wen soll ich denn loben?", sagte sie unzufrieden. „Meine Kinder, die sich nicht um mich kümmern? Oder den Arzt, der schon zwei Jahre an mir herumdoktert?"

„Vielleicht könntest du ein kleines bisschen Gott loben“, sagte das kleine Lob vorsichtig.

„Ach, du liebe Zeit“, rief die alte Frau, „heute ist doch nicht Sonntag!?“

„Vielleicht dafür“, das Lob blieb hartnäckig, „dass du noch lebst, dass du immer zu essen hast, die Sonne und die Blumen sehen kannst ...“

„Was ist das alles gegen mein Rheuma und mein Alleinsein?“, unterbrach die alte Frau.

So wanderte das kleine Lob weiter. Es klagte: „Alle fragen nur: ‚Warum? Was bringt das? Ich habe es zu schwer!‘ – Dabei gehöre ich doch zum Lebenswichtigsten überhaupt: Leben, lieben und loben – nur ein Buchstabe ist jeweils anders! Wenn das Leben lebenswert ist, dann ist es auch liebenswert, und dann ist es auch lobenswert. Und soll dann nicht auch der gelobt werden, der das Leben geschenkt hat?“

Und das kleine Lob kam zu dem Schluss: „Wer sich Zeit nimmt, Atem zu holen, wer wieder richtig sehen lernt, wer die richtigen Maßstäbe setzt, der kann danken und findet zur Freude zurück. Ja, und der muss einfach loben!“

Deutsches Märchen

Rotmilan
BUND
FREUNDE DER ERDE
BUND
FREUNDE DER ERDE
BUND
FREUNDE DER ERDE
Kiebitz
Wachtel
BUND
FREUNDE DER ERDE
Lebensräume schützen!
Großer Brachvogel
Heidelerche
BUND
FREUNDE DER ERDE
BUND
FREUNDE DER ERDE
Neuntöter
BUND
FREUNDE DER ERDE
Löffelente
Bekassine
BUND
FREUNDE DER ERDE
Ortolan
BUND
FREUNDE DER ERDE
Aktion Artenschutz

Heidelerche
Großer Brachvogel
Wachtel
Rotmilan
Krickente
Rote-Liste-Arten retten!
Kiebitz
Ortolan
Neuntöter
Löffelente
BUND
FREUNDE DER ERDE

Der Ire im Himmel

Einmal starb ein Ire ganz unverhofft. Nun stand er vor Christus. Der musste entscheiden, ob der Ire in den Himmel kommt oder nicht.

Eine ganze Reihe Leute, große und kleine, waren vor dem Iren an der Reihe. Er bekam genau mit, was die Einzelnen vorzuweisen hatten und wie Jesus entschied.

Jesus schlug in einem dicken Buch nach und sagte zu dem Ersten: „Da steht: Ich hatte Hunger und du hast mir zu essen gegeben. Bravo, ab in den Himmel!"

Zum Zweiten sagte er: „Ich hatte Durst und du hast mir zu trinken gegeben!" Und zum Dritten: „Ich war krank und du hast mich besucht! Bravo, ab in den Himmel, ihr beiden!"

Dann kam ein achtjähriger Junge. Zu dem sagte er: „Hier steht: Keiner wollte etwas mit mir zu tun haben. Du aber hast mich zum Mitspielen eingeladen. Bravo, ab in den Himmel!"

Und zu einem zehnjährigen Mädchen sagte Jesus: „Hier steht: Alle haben mich beschimpft, du aber hast mich verteidigt! Bravo, ab in den Himmel!"

Bei jedem, der so in den Himmel befördert wurde, machte der Ire Gewissenserforschung, und jedes Mal kam ihm das Zittern. Er hatte keinem etwas zu essen gegeben oder zu trinken, und Kranke hatte er nicht besucht und Schwache nicht verteidigt. Wie würde es ihm ergehen, wenn er vor Jesus, dem König, stehen würde?

Und dann war er auch schon an der Reihe. Er blickte auf Jesus, der in seinem Buch nachschlug, und zitterte vor Angst. Dann blickte Jesus auf. „Da steht nicht viel geschrieben“, sagte er, „aber etwas hast du auch getan (und der Ire meinte zu beobachten, dass Jesus dabei schmunzelte!). Hier steht: Ich war traurig, enttäuscht, niedergeschlagen – und du bist gekommen und hast mir Witze erzählt. Du hast mich zum Lachen gebracht und mir Mut gegeben. Ab in den Himmel!“

Und der Ire machte einen Freudensprung durchs Himmelstor.

Aus Irland

Die Waage des Königs

Eines Tages ging ein Junge von zu Hause fort, um die Welt kennenzulernen. „Geh nur“, sagte die Mutter, „Geld habe ich nicht, aber ein Stück Brot will ich dir mitgeben. Das Brot ist ein kostbarer Schatz. Wenn du Hunger hast, dann iss davon, um deinen Hunger zu stillen, und wenn du einen hungrigen Menschen triffst, dann gib ihm von deinem Brot. Du wirst erleben, das Brot geht dem nicht aus, der es teilt.“

Mit dem Brot in der Hand ging der Junge los. Er aß von dem Brot, wenn er Hunger hatte, und teilte es, wenn er hungrige Menschen traf. Das Brot ging nicht zu Ende. Immer hatte er noch ein Stück übrig.

Eines Tages kam der Junge in eine große Stadt, in der ein mächtiger und reicher König herrschte. Der König wollte seine wunderschöne Tochter nur dem zur Frau geben, der noch reicher und mächtiger war als er.

Auf dem Marktplatz stellte er deshalb eine riesengroße Waage auf. In die eine Waagschale legte er alle seine Schätze hinein. Dann ließ er ausrufen: „Wer in die andere Waagschale Schätze hineinlegt, die noch mehr wiegen, der bekommt die Prinzessin zur Frau!"

Könige aus aller Welt kamen und legten ihre Schätze in die Waagschale; aber soviel Schätze sie auch herbeischleppten, die Waagschale des Königs blieb unten.

Die Prinzessin wurde traurig, weil sie fürchtete, immer allein leben zu müssen. Sie machte ihrem Vater heftige Vorwürfe, doch der ließ sich nicht erweichen.

Als die Königstochter einmal traurig und enttäuscht am Ufer des Flusses entlangging, traf sie den Jungen, der gerade sein Brot aß. Das traurige Mädchen tat dem Jungen leid. Deshalb bot er ihm sein Brot an und lud es zum Essen ein. Das Mädchen nahm das Brot an und aß. Nun konnte es wieder lachen und fröhlich sein. Gestärkt ging es nach Hause.

Am nächsten Tag kam der Junge zu dem großen Platz, wo die Waage des Königs stand. Viele Könige waren wieder gekommen, um ihre Schätze in die Waagschale zu werfen. Aber was sie auch hineinlegten, die Schale des Königs blieb unten. Seine Schätze waren nicht aufzuwiegen.

Der Junge erkannte in der Prinzessin das Mädchen, mit dem er sein Brot geteilt hatte. Er drängte sich nach vorne, trat vor den König und rief: „König, gib mir deine Tochter! Ich will meinen ganzen Reichtum in die Waagschale werfen: ein Stück Brot. Deine Tochter wird nie mehr Hunger leiden."

Alle lachten den Jungen aus. Ein Stück Brot konnte doch die vielen Schätze des Königs nicht aufwiegen. Der König wurde zornig und rief: „Habe ich nicht Geld genug, um Brot zu kaufen? Für ein Stück Brot gebe ich meine Tochter nicht her. Sie ist mein kostbarster Schatz."

Die Prinzessin hatte den Jungen, der mit ihr das Brot geteilt hatte, erkannt. Sie bat den Vater, es zuzulassen. Da ließ der König den Jungen gewähren. Der Junge legte sein Brot in die leere Schale. Die Waage begann sich zu neigen. Die Waagschale senkte sich immer tiefer. Das Brot war bald unten und die Schätze des Königs oben.

Niemand konnte das verstehen. Der König aber hielt sein Versprechen. Der Junge bekam die Prinzessin zur Frau. Die beiden wurden sehr glücklich und in dem Land, in dem sie lebten, hatten die Menschen immer Brot. Sie teilten es miteinander, und die übrig gebliebenen Stücke bewahrten sie in kostbaren Gefäßen auf.

Chinesisches Märchen

Die drei Söhne des Königs und das Wasser des Lebens

Es war einmal ein König, der war krank, und niemand glaubte, dass er mit dem Leben davonkäme. Er hatte aber drei Söhne, die waren darüber betrübt, gingen hinunter in den Schlossgarten und weinten.

Da begegnete ihnen ein alter Mann, der fragte sie nach ihrem Kummer. Sie sagten ihm, ihr Vater wäre so krank, dass er wohl sterben würde, denn es wollte ihm nichts helfen. Da sprach der Alte: „Ich weiß noch ein Mittel, das ist das Wasser des Lebens: Wenn er davon trinkt, so wird er wieder gesund; es ist aber schwer zu finden."

Der Älteste sagte: „Ich will es schon finden", ging zum kranken König und bat ihn, er möchte ihm erlauben auszuziehen, um das Wasser des Lebens zu suchen; denn das allein könnte ihn heilen.

„Nein", sprach der König, „die Gefahr dabei ist zu groß, lieber will ich sterben." Er bat aber so lange, bis der König einwilligte.

Der Prinz dachte in seinem Herzen: „Bringe ich das Wasser, so bin ich meinem Vater der Liebste und erbe das Reich."

Also machte er sich auf, und als er eine Zeit lang fortgeritten war, stand da ein Zwerg auf dem Wege, der rief ihn an und sprach: „Wo hinaus so geschwind?“

„Dummer Knirps“, sagte der Prinz ganz stolz, „das brauchst du nicht zu wissen“, und ritt weiter. Das kleine Männchen aber war zornig geworden und hatte einen bösen Wunsch getan. Der Prinz geriet bald hernach in eine Bergschlucht, und je weiter er ritt, je enger taten sich die Berge zusammen, und endlich ward der Weg so eng, dass er keinen Schritt weiter konnte; es war nicht möglich, das Pferd zu wenden oder aus dem Sattel zu steigen, und er saß da wie eingesperrt. Der kranke König wartete lange Zeit auf ihn, aber er kam nicht.

Da sagte der zweite Sohn: „Vater, lass mich ausziehen und das Wasser suchen“, und dachte bei sich: „Ist mein Bruder tot, so fällt das Reich mir zu.“ Der König wollte ihn anfangs nicht ziehen lassen, endlich gab er nach.

Der Prinz zog also auf demselben Weg fort, den sein Bruder eingeschlagen hatte, und begegnete auch dem Zwerg, der ihn anhielt und fragte, wohin er so eilig wollte.

„Kleiner Knirps“, sagte der Prinz, „das brauchst du nicht zu wissen“, und ritt fort, ohne sich weiter umzusehen. Aber der Zwerg verwünschte ihn, und er geriet wie der andere in eine Bergschlucht und konnte nicht vorwärts und rückwärts. So geht’s aber den Hochmütigen.

Als auch der zweite Sohn ausblieb, so erbot sich der Jüngste, auszuziehen und das Wasser zu holen, und der König musste ihn endlich ziehen lassen. Als er dem Zwerg begegnete und dieser fragte, wohin er so eilig wolle, so hielt er an, gab ihm Rede und Antwort und sagte: „Ich suche das Wasser des Lebens, denn mein Vater ist sterbenskrank."

„Weißt du auch, wo es zu finden ist?"

„Nein", sagte der Prinz.

„Weil du dich betragen hast, wie sich's geziemt, nicht übermütig wie deine falschen Brüder, so will ich dir Auskunft geben und dir sagen, wie du zu dem Wasser des Lebens gelangst. Es quillt aus einem Brunnen in dem Hofe eines verwünschten Schlosses, aber du dringst nicht hinein, wenn ich dir nicht eine eiserne Rute gebe und zwei Laibchen Brot. Mit der Rute schlag dreimal an das eiserne Tor des Schlosses, so wird es aufspringen. Inwendig liegen zwei Löwen, die den Rachen aufsperren; wenn du aber jedem ein Brot hinwirfst, so werden sie still, und dann eile dich und hol von dem Wasser des Lebens, bevor es zwölf schlägt, sonst schlägt das Tor wieder zu, und du bist eingesperrt."

Der Prinz dankte ihm, nahm die Rute und das Brot und machte sich auf den Weg. Und als er angelangt, war alles so, wie der Zwerg es gesagt hatte. Das Tor sprang beim dritten Rutenschlag auf, und als er die Löwen mit dem Brot besänftigte, trat er in das Schloss und kam in einen großen Saal; darin saßen verwünschte Prinzen, denen zog er die

Ringe vom Finger, dann lag da ein Schwert und ein Brot, das nahm er weg.

Und weiter kam er in ein Zimmer, darin stand eine schöne Jungfrau, die freute sich, als sie ihn sah, küsste ihn und sagte, er hätte sie erlöst und sollte ihr ganzes Reich haben, und wenn er in einem Jahr wiederkäme, so sollte ihre Hochzeit gefeiert werden. Dann sagte sie ihm auch, wo der Brunnen wäre mit dem Lebenswasser, er müsste sich aber eilen und daraus schöpfen, eh' es zwölf schlüge.

Da ging er weiter und kam endlich in ein Zimmer, wo ein frisch gedecktes Bett stand, und weil er müde war, wollt' er erst ein wenig ausruhen. Also legte er sich und schlief ein; als er erwachte, schlug es drei Viertel auf zwölf.

Da sprang er ganz erschrocken auf, lief zu dem Brunnen und schöpfte daraus mit einem Becher, der daneben stand, und eilte, dass er fortkam. Wie er eben zum eisernen Tor hinausging, da schlug's zwölf, und das Tor schlug so heftig zu, dass es ihm noch ein Stück von der Ferse wegnahm.

Er war aber froh, dass er das Wasser des Lebens erlangt hatte, ging heimwärts und kam wieder an dem Zwerg vorbei. Als dieser das Schwert und das Brot sah, sprach er: „Damit hast du großes Gut gewonnen; mit dem Schwert kannst du ganze Heere schlagen, das Brot aber wird niemals alle."

Der Prinz wollte ohne seine Brüder nicht zu dem Vater nach Hause kommen und sprach: „Lieber Zwerg, kannst du mir nicht sagen, wo meine zwei Brüder sind? Sie sind früher als ich nach dem Wasser des Lebens ausgezogen und sind nicht wiedergekommen."

„Zwischen zwei Bergen stecken sie eingeschlossen", sprach der Zwerg, „dahin habe ich sie verwünscht, weil sie so übermütig waren." Da bat der Prinz so lange, bis der Zwerg sie wieder losließ, aber er warnte und sprach: „Hüte dich vor ihnen, sie haben ein böses Herz."

Als seine Brüder kamen, freute er sich und erzählte ihnen, wie es ihm ergangen wäre, dass er das Wasser des Lebens gefunden und einen Becher voll mitgenommen und eine schöne Prinzessin erlöst hätte, die wollte ein Jahr lang auf ihn warten, dann sollte Hochzeit gehalten werden und er bekäme ein großes Reich.

Danach ritten sie zusammen fort und gerieten in ein Land, wo Hunger und Krieg war, und der König glaubte schon, er müsste verderben, so groß war die Not. Da ging der Prinz zu ihm und gab ihm das Brot, womit er sein ganzes Reich speiste und sättigte, und dann gab ihm der Prinz auch das Schwert, damit schlug er die Heere seiner Feinde und konnte nun in Ruhe und Frieden leben.

Da nahm der Prinz sein Brot und Schwert zurück, und die drei Brüder ritten weiter. Sie kamen noch in zwei Länder, wo Hunger und Krieg herrschten, und da gab der Prinz den Königen jedes Mal sein Schwert und Brot und hatte nun drei Reiche gerettet. Und danach setzten sie sich auf ein Schiff und fuhren übers Meer.

Während der Fahrt, da sprachen die beiden Ältesten unter sich: „Der Jüngste hat das Wasser des Lebens gefunden und wir nicht, dafür wird ihm unser Vater das Reich geben, das uns gebührt, und wird unser Glück wegnehmen."

Da wurden sie rachsüchtig und verabredeten miteinander, dass sie ihn verderben wollten. Sie warteten, bis er einmal fest eingeschlafen war, da gossen sie das Wasser des Lebens aus dem Becher und nahmen es für sich, ihm aber gossen sie bitteres Meerwasser hinein.

Als sie nun daheim ankamen, brachte der Jüngste dem kranken König seinen Becher, damit er daraus trinken und gesund werden sollte. Kaum aber hatte er ein wenig von dem bitteren Meerwasser getrunken, so ward er noch kränker als zuvor. Und wie er darüber jammerte, kamen die beiden ältesten Söhne und klagten den Jüngsten an, er hätte ihn vergiften wollen, sie brächten ihm das rechte Wasser des Lebens und reichten es ihm.

Kaum hatte er davon getrunken, so fühlte er seine Krankheit verschwinden und ward stark und gesund wie in seinen jüngsten Tagen.

Danach gingen die beiden zu dem Jüngsten, verspotteten ihn und sagten: „Du hast zwar das Wasser des Lebens gefunden, aber du hast die Mühe gehabt und wir den Lohn; du hättest klüger sein und die Augen aufbehalten sollen, wir haben's dir abgenommen, während du auf dem Meer eingeschlafen warst, und übers Jahr, da holt sich einer von uns die schöne Königstochter. Aber hüte dich, dass du nichts davon verrätst, der Vater glaubt dir doch nicht; wenn du ein einziges Wort sagst, so sollst du noch obendrein dein Leben verlieren, schweigst du aber, so soll's dir geschenkt sein."

Der alte König war zornig über seinen jüngsten Sohn und glaubte, er hätte ihm nach dem Leben getrachtet. Also ließ er den Hof versammeln und das Urteil über ihn sprechen, dass er heimlich sollte erschossen werden. Als der Prinz nun einmal auf die Jagd ritt und nichts Böses vermutete, musste des Königs Jäger mitgehen. Draußen, als sie ganz alleine im Wald waren und der Jäger so traurig aussah, sagte der Prinz zu ihm: „Lieber Jäger, was fehlt dir?"

Der Jäger sprach: „Ich kann's nicht sagen und soll es doch."

Da sprach der Prinz: „Sage heraus, was es ist, ich will dir's verzeihen."

„Ach", sagte der Jäger, „ich soll Euch totschießen, der König hat mir's befohlen."

Da erschrak der Prinz und sprach: „Lieber Jäger, lass mich leben, da geb' ich dir mein königliches Kleid, gib mir dafür dein schlechtes."

Der Jäger sagte: „Das will ich gerne tun, ich hätte doch nicht nach Euch schießen können." Da tauschten sie die Kleider, und der Jäger ging heim, der Prinz aber ging weiter in den Wald hinein.

Über eine Zeit, da kamen zu dem alten König drei Wagen mit Gold und Edelsteinen für seinen jüngsten Sohn; sie waren aber von den drei Königen geschickt, die mit des Prinzen Schwert die Feinde geschlagen und mit seinem Brot ihr Land ernährt hatten und die sich dankbar bezeigen wollten.

Da dachte der alte König: „Sollte mein Sohn unschuldig gewesen sein?“, und sprach zu seinen Leuten: „Wäre er noch am Leben, wie tut mir's so leid, dass ich ihn habe töten lassen.“

„Er lebt noch“, sprach der Jäger, „ich konnte es nicht übers Herz bringen, Euren Befehl auszuführen“, und sagte dem König, wie es zugegangen war. Da fiel dem König ein Stein vom Herzen, und er ließ in allen Reichen verkünden, sein Sohn dürfte wiederkommen und sollte in Gnaden aufgenommen werden.

Die Königstochter aber ließ eine Straße vor ihrem Schloss machen, die war ganz golden und glänzend, und sagte ihren Leuten, wer darauf geradewegs zu ihr geritten käme, das wäre der Rechte und den sollten sie einlassen, wer aber daneben käme, der wäre der Rechte nicht und den sollten sie auch nicht einlassen.

Als nun die Zeit bald herum war, dachte der Älteste, er wolle sich eilen, zur Königstochter gehen und sich für ihren Erlöser ausgeben, da bekäme er sie zur Gemahlin und das Reich daneben. Also ritt er fort, und als er vor das Schloss kam und die schöne goldene Straße sah, dachte er: „Das wäre jammerschade, wenn du darauf rittest", lenkte ab und ritt rechts nebenher. Wie er aber vor das Tor kam, sagten die Leute zu ihm, er wäre der Rechte nicht, er sollte wieder fortgehen.

Bald darauf machte sich der zweite Prinz auf, und wie der zur goldenen Straße kam und das Pferd den einen Fuß darauf gesetzt hatte, dachte er: „Es wäre jammerschade, das könnte etwas abtreten", lenkte ab und ritt links nebenher. Wie er aber vor das Tor kam, sagten die Leute, er wäre der Rechte nicht, er sollte wieder fortgehen.

Als nun das Jahr herum war, wollte der Dritte aus dem Wald fort zu seiner Liebsten reiten und bei ihr sein Leid vergessen. Also machte er sich auf und dachte immer an sie und wäre gerne bei ihr gewesen und sah die goldene Straße gar nicht.

Da ritt sein Pferd mitten darüber hin, und als er vor das Tor kam, ward es aufgetan, und die Königstochter empfing ihn mit Freuden und sagte, er wäre der Erlöser und der Herr des Königreiches, und es ward Hochzeit gehalten mit großer Glückseligkeit. Und als sie vorbei war, erzählte sie ihm, dass sein Vater ihn zu sich entboten und ihm verziehen hätte.

Da ritt er hin und sagte ihm alles, wie seine Brüder ihn betrogen und er doch dazu geschwiegen hätte. Der alte König wollte sie strafen, aber sie hatten sich aufs Meer gesetzt und waren fortgeschifft und kamen ihr Lebtag nicht wieder.

Gebrüder Grimm

Wenn du eine weise Antwort verlangst, musst du vernünftig fragen.

Johann Wolfgang von Goethe

Die Spinne und die Weisheit

Kwaku Ananse – so heißt das afrikanische Spinnenmännchen, von dem man viele Geschichten berichtet – ärgerte sich schon seit Jahren, dass es unter den Menschen so viele weise Männer gibt. Darum beschloss Ananse, für sich und seine Nachkommen alle Weisheit der Welt einzusammeln.

Zu diesem Zweck nahm er einen großen Topf mit einem Deckel und machte sich damit auf die Wanderschaft. Er ging durch manches Land und stellte Menschen und Tieren, denen er begegnete, die schwierigsten Fragen. Erhielt er eine kluge Antwort, so öffnete er schnell den Deckel seines Kruges, flüsterte die Weisheit hinein und schloss eilig wieder zu.

Als Kwaku Ananse nach einiger Zeit glaubte, alle Weisheit dieser Welt in seinem Topf gesammelt zu haben, machte er sich wieder auf den Heimweg. Zu Hause jedoch fürchtete er, man könnte ihm seinen kostbaren Schatz stehlen.

Deshalb beschloss er, den Krug in den höchsten Ästen eines riesigen Baumes zu verstecken. Aber

– wie sollte er mit seinem Krug dort hinaufgelangen?

Kwaku Ananse hatte, wie ihm schien, einen guten Gedanken: Er band sich den Krug mit Schlingpflanzen vor seinen Bauch und versuchte, damit den dicken Stamm hinaufzuklettern. Doch er hatte nicht überlegt, dass der Krug einen ansehnlichen Umfang besaß und dass er deshalb mit seinen Armen und Beinen die Rinde des Baumes nicht erreichen konnte.

Drei Tage lang versuchte er vergeblich, mit seinem Krug vor dem Bauch am Stamm emporzukommen; immer wieder fiel er auf den Rücken. So traf ihn ein Hase, der fragte: „Kwaku Ananse, was hast du denn in deinem Kruge?“

Ängstlich antwortete das Spinnenmännchen: „Das ist ein großes Geheimnis, welches ich dir nicht verraten kann. Aber ich sollte diesen Krug dringend in der Baumkrone verstecken.“

Da sprach der Hase: „Wäre es nicht einfacher, du würdest den Krug auf deinen Rücken binden?“

„Was sagst du da?“, schrie Kwaku Ananse. „Ich glaubte, ich hätte alle Weisheit der Welt in meinem Krug eingefangen. Nun sehe ich, dass es immer noch gescheitere Leute gibt, als ich es bin!“

Wütend riss er das Gefäß von seinem Bauch und schleuderte es mit aller Gewalt gegen den Baum, wo es in tausend Scherben zersprang. Seither ist die Weisheit wieder überall auf der Welt zu finden.

Afrikanisches Märchen

Was ist das Leben?

An einem schönen Sommertag um die Mittagszeit war große Stille am Waldrand. Die Vögel hatten ihre Köpfe unter die Flügel gesteckt und alles ruhte.

Da streckte der vorwitzige Buchfink seinen kleinen Kopf hervor und fragte: „Was ist eigentlich das Leben?“

Alle waren betroffen über diese schwierige Frage. Im großen Bogen flog der Buchfink über die weite Wiese und kehrte zu seinem Ast im Schatten des Baumes zurück.

Die Heckenrose entfaltete gerade ihre Knospe und schob behutsam ein Blatt ums andere heraus. Sie sprach: „Das Leben ist eine Entwicklung.“

Weniger tief veranlagt war der Schmetterling. Er flog von einer Blume zur anderen, naschte da und dort und sagte: „Das Leben ist lauter Freude und Sonnenschein.“

Drunten im Gras mühte sich eine Ameise mit einem Strohhalm, zehnmal länger als sie selbst, und sagte: „Das Leben ist nichts anderes als Mühsal und Arbeit.“

Geschäftig kam eine Biene von einer honighaltigen Blume auf der Wiese zurück und meinte dazu: „Nein, das Leben ist ein Wechsel von Arbeit und Vergnügen.“

Wo so weise Reden geführt wurden, steckte auch der Maulwurf seinen Kopf aus der Erde und brummte: „Das Leben? Es ist ein Kampf im Dunkeln."

Nun hätte es tatsächlich fast einen Streit gegeben, wenn nicht ein feiner Regen eingesetzt hätte, der sagte: „Das Leben besteht aus Tränen, nichts als Tränen."

Dann zog er weiter zum Meer. Dort brandeten die Wogen und warfen sich mit aller Gewalt gegen die Felsen und stöhnten: „Das Leben ist ein stets vergebliches Ringen nach Freiheit."

Hoch über ihnen zog majestätisch der Adler seine Kreise. Er frohlockte: „Das Leben, das Leben ist ein Streben nach oben."

Nicht weit vom Ufer entfernt stand eine Weide. Der Sturm hatte sie schon zur Seite gebogen. Sie sagte: „Das Leben ist ein Sichneigen unter eine höhere Macht."

Dann kam die dunkle Nacht. Mit lautlosen Flügelschlägen glitt der Uhu über die Wiese dem Wald zu und krächzte: „Das Leben heißt: die Gelegenheit dann nützen, wenn andere schlafen."

Und schließlich wurde es still in Wald und Wiese. Nach einer Weile kam ein junger Mann des Wegs. Er setzte sich müde ins Gras, streckte dann alle viere von sich und meinte erschöpft vom vielen Tanzen und Trinken: „Das Leben ist das ständige Suchen nach Glück und eine lange Kette von Enttäuschungen."

Auf einmal stand die Morgenröte in ihrer vollen Pracht auf und sprach: „Wie ich, die Morgenröte, der Beginn des neuen Tages bin, so ist das Leben der Anbruch der Ewigkeit!“

Aus Schweden

Wenn ich bete, dann bete ich

Ein ganz auf das innere Leben ausgerichteter Mönch wurde gefragt, warum er trotz seiner vielen Aufgaben immer so gesammelt sein könne: „Wie gestaltest du denn dein Leben, dass du so bist, wie du bist, so gelassen und so in dir ruhend?“

Der Mönch sprach: „Wenn ich stehe, dann stehe ich; wenn ich gehe, dann gehe ich; wenn ich sitze, dann sitze ich; wenn ich schlafe, dann schlafe ich; wenn ich esse, dann esse ich; wenn ich trinke, dann trinke ich; wenn ich schweige, dann schweige ich; wenn ich schaue, dann schaue ich; wenn ich lese, dann lese ich; wenn ich arbeite, dann arbeite ich; wenn ich bete, dann bete ich …“

Da fielen ihm die Fragesteller ins Wort: „Das tun wir doch auch. Aber was machst du noch, was ist das Geheimnis deines Menschseins?“

Der Mönch antwortete den Fragenden wiederum: „Wenn ich stehe, dann stehe ich; wenn ich gehe, dann gehe ich; wenn ich sitze, dann sitze ich; wenn ich schlafe, dann schlafe ich; wenn ich esse, dann esse ich; wenn ich trinke, dann trinke ich; wenn ich spreche, dann spreche ich; wenn ich schweige, dann schweige ich; wenn ich schaue, dann schaue ich; wenn ich höre, dann höre ich; wenn ich lese, dann lese ich; wenn ich arbeite, dann arbeite ich; wenn ich bete, dann bete ich …"

Da sagten die Neugierigen: „Das wissen wir jetzt. Das tun wir alles auch!"

Der Mönch aber sprach zu ihnen: „Nein, eben das tut ihr nicht: Wenn ihr steht, dann lauft ihr schon; wenn ihr geht, seid ihr schon angekommen; wenn ihr sitzt, dann strebt ihr schon weiter; wenn ihr schlaft, dann seid ihr schon beim Erwachen; wenn ihr esst, dann seid ihr schon fertig; wenn ihr trinkt, dann kostet ihr nicht genug; wenn ihr sprecht, dann antwortet ihr schon auf Einwände; wenn ihr schweigt, dann seid ihr nicht gesammelt genug; wenn ihr schaut, dann vergleicht ihr alles mit allem; wenn ihr hört, überlegt ihr euch schon wieder Fragen; wenn ihr arbeitet, dann sorgt ihr euch ängstlich; wenn ihr betet, dann seid ihr von Gott weit weg …"

Überlieferte Geschichte

Die ganze Wahrheit

Ein indischer Fürst ließ alle Blindgeborenen seines Landes zusammenführen. Er wollte ihnen an einem Beispiel zeigen, wie ein Elefant aussieht.

Da standen nun die Blindgeborenen von Savatthi um den Elefanten herum. Sie betasteten ihn, ein jeder, wo er gerade stand.

Dann fragte der König die Blindgeborenen: „Habt ihr nun erkannt, was ein Elefant ist?"

„Ja", sagten sie.

Und der König fragte weiter: „Dann sagt mir, wie ist denn ein Elefant?"

Da sagten die einen: „Der Elefant ist wie ein Tragkessel." So sprachen die, welche seinen Kopf betastet hatten.

„Der Elefant ist wie eine Schaufel." So sagten die, die das Ohr des Elefanten berührt hatten.

„Der Elefant ist wie eine Pflugschar." So sagten die, die seinen Zahn befühlt hatten.

„Der Elefant ist wie eine Stange am Pflug." So sagten die, die seinen Rüssel angefasst hatten.

„Der Elefant ist wie ein Pfeiler." So sagten die, welche sein Bein betastet hatten.

„Der Elefant ist wie eine Keule." So sagten die, die seinen Schwanz ergriffen hatten.

„Der Elefant ist wie ein Besen." So sagten die, welche das Schwanzende erwischt hatten.

Die Blinden gerieten über ihre Aussagen in Streit, denn jeder meinte recht zu haben, weil er nur der eigenen Erfahrung traute.

Indisches Gleichnis

Die Glieder des Leibes

Die Glieder des menschlichen Körpers wurden es einmal überdrüssig, einander zu dienen, und fassten den Vorsatz, dies nicht mehr zu tun.

Die Füße sagten: „Warum sollen wir allein für andere tragen? Schafft euch selbst Füße, wenn ihr gehen wollt!"

Die Hände sagten: „Warum sollen wir allein für andere arbeiten? Schafft euch selbst Hände, wenn ihr Hände braucht!"

Der Mund brummte: „Ich müsste wohl ein großer Narr sein, wenn ich immer für den Magen Speisen kauen wollte, damit er nach seiner Bequemlichkeit verdauen möge; schaffe sich selbst einen Mund, wer einen nötig hat!"

Die Augen fanden es gleichfalls sehr sonderbar, dass sie allein für den ganzen Leib beständig Wache halten und für ihn sehen sollten.

Und so sprachen auch alle übrigen Glieder des Leibes, und eines kündigte dem andern den Dienst auf. Was geschah? Da die Füße nicht mehr gehen, die Hände nicht mehr arbeiten, der Mund nicht mehr essen, die Augen nicht mehr sehen wollten, so fing der ganze Körper in allen seinen Gliedern an zu welken und nach und nach abzusterben.

Da sahen sie ein, dass sie töricht gehandelt hatten, und wurden einig, dass es künftig nicht wieder geschehen sollte. Da diente wieder ein Glied dem andern, und alle wurden wieder gesund und stark, wie sie vorher gewesen waren.

Römische Legende

Man nehme zwölf gut ausgereifte Monate

Man nehme zwölf gut ausgereifte Monate und beachte, dass sie vollkommen sauber sind und frei von jeglicher Erinnerung an Bitterkeit, Groll, Rachsucht, Neid und Eifersucht. Man entferne jede Spur von Kleinlichkeit und Niedrigkeit – kurzum: alles, was mit unangenehmen Dingen der Vergangenheit zusammenhängt. Die zwölf Monate müssen also so frisch und sauber sein, wie sie aus der „Werkstatt Zeit" hervorgegangen sind.

Man zerlege sodann jeden Monat in dreißig oder einunddreißig Tage, damit der Vorrat für ein Jahr ausreicht. Man richte ihn nicht alle Tage gleichzeitig an, sondern beschäftige sich jedes Mal mit einem einzigen Tag. Und damit diese Tage die besten unseres Lebens werden, beachte man sorgfältig die nachfolgenden Anweisungen.

Für jeden Tag nehme man soundso viele Teile Entschlossenheit, Mut, Ehrenhaftigkeit, Geduld, Arbeit, Vertrauen, Gebet, Bescheidenheit, Ruhe, Überlegung – und nun füge man dem Ganzen einen Löffel Schwungkraft und Frohsinn hinzu, einen kleinen Löffel Takt, eine gute Dosis Nachsicht und aufrichtige Herzlichkeit. Sodann übergieße man das Ganze mit Liebe und rühre es kräftig um. Man schmücke alsdann alles mit einem Sträußchen kleiner Aufmerksamkeiten und trage es mit Heiterkeit auf den Tisch.

Altes Kalenderrezept

Da sagte der liebe Gott …

Wieder einmal waren der liebe Gott und Petrus auf Wanderschaft durch die Regionen der Erde. Und weil sie sich verlaufen hatten, fragten sie einen Schäfer, der faul auf dem Rücken lag und sich ausruhte.

Weil der Mann zu bequem war, auch nur den Mund aufzumachen, hob er bloß seinen rechten Fuß ein kleines bisschen in die Höhe und zeigte damit die Richtung, in die der Weg weitergehe.

Petrus meinte empört: „Was für ein fauler Kerl! Nur gut, dass man solche Leute nicht alle Tage trifft. Das könnte einem ja die Freude an den Menschen verderben!“

Gottvater schmunzelte, sagte aber kein Wort. Kurze Zeit darauf trafen sie ein Mädchen, das fleißig auf dem Feld arbeitete. Sie fragten es nach dem Weg – und es war gerne bereit. „Ihr könnt euch hier leicht verlaufen. Ich will lieber ein Stück mit euch gehen …“ Es legte die Hacke hin und begleitete die beiden ein ganzes Stück Weges.

Als sie wieder allein waren, sprach Petrus: „Welch ein nettes und fleißiges Mädchen, so zuvorkommend und dabei so frisch und sauber! Die muss aber auch einen guten Mann kriegen!“

Da sagte der liebe Gott: „Sie kriegt den Faulpelz von Schäfer!“

„Was“, rief Petrus, „den faulen Schäfer? Warum denn das?“

„Der eine muss den anderen ergänzen“, sagte der Herr und schmunzelte …

Westfälische Legende

Der Fuchs und der Ziegenbock

Der Fuchs war in einen Brunnen gefallen und musste notgedrungen drunten ausharren, da er nicht wusste, wie hinaufkommen. Ein durstiger Ziegenbock aber, der an den Brunnen kam, sah ihn und fragte, ob das Wasser gut sei. Der Fuchs, der sich über dieses glückliche Zusammentreffen sehr freute, lobte lang und breit das vorzügliche Wasser und redete ihm zu, auch herunterzukommen.

Der Ziegenbock sprang auch, weil er im Augenblick nur an seinen Durst dachte, ohne weitere Überlegung hinunter, und als er, nachdem der Durst gelöscht war, mit dem Fuchs das Hinaufkommen überlegte, sagte dieser, er habe einen guten Gedanken zu ihrer beider Rettung. „Wenn du die Vorderbeine gegen die Wand stemmen und die

Hörner hochstellen willst, springe ich über deinen Rücken hinauf und ziehe dich dann nach."

Der Ziegenbock ging auch auf diesen zweiten Ratschlag ein: Der Fuchs kletterte ihm über die Hinterbeine auf die Schultern, und indem er sich auf die Hörner stellte, gelangte er zum Brunnenrand. Einmal droben, machte er aber Miene, davonzugehen. Als ihm der Ziegenbock vorwarf, er handle gegen ihre Verabredung, drehte er sich um und sagte: „Wenn du so viel Verstand hättest wie Haare im Bart, dann hättest du dir vor dem Hinunterspringen das Zurückkommen überlegt."

So ist es auch bei den Menschen: Verständige denken zuerst an den Ausgang ihrer Unternehmungen, dann erst lassen sie sich darauf ein.

Äsop

Eine Zunge ist eine sehr wichtige Sache

Eines Tages entschloss sich der große Herrscher der Welt, Obatalah, die Herrschaft über die Welt in die Hände eines anderen zu legen. Der Erste, an den er dachte, war sein treuer Gehilfe Orula.

Doch Orula war noch jung und Obatalah befürchtete, dass er nicht genügend Erfahrung für eine so schwere Aufgabe haben würde. Und er sagte sich, dass er seine Klugheit auf die Probe stellen werde.

Er ließ ihn holen und befahl, dass er ihm die beste Speise bereite, die er bereiten könne.

Orula gehorchte und begab sich auf den Markt. Eine Weile schaute er sich um, was zu kaufen wäre, und schließlich erwarb er eine Rindszunge. Zu Hause kochte er die Zunge schön, würzte sie und brachte sie dann dem großen Herrscher.

Obatalah kostete die Zunge und war zufrieden. Noch nie hatte er so etwas Gutes gegessen. Als er zu Ende gegessen hatte, lobte er Orula und sagte zu ihm: „Sag mir, Orula, warum du gerade eine Zunge gewählt hast, als du auf dem Markt einkaufen warst."

„Großer Herrscher", antwortete Orula, „eine Zunge ist eine sehr wichtige Sache. Mit der Zunge kannst du eine gute Arbeit loben und jenem danken, der eine gute Tat vollbracht hat. Mit der Zunge kannst du gute Nachrichten verkünden und die Menschen auf den rechten Weg führen. Und mit der Zunge kannst du sogar den Menschen erhöhen und ihn zum Herrscher machen", fügte Orula lächelnd hinzu.

„Alles, was du sagst, stimmt", sagte Obatalah und dachte sich: Orula ist doch ein sehr weiser Mann. Doch der große Herrscher entschloss sich, Orula noch einmal auf die Probe zu stellen, und er sprach zu ihm: „Du hast mir die beste Speise der Welt bereitet, jetzt wünsche ich, dass du mir die schlechteste Speise bereitest, die du dir ausdenken kannst."

Orula ging abermals auf den Markt. Ein Weilchen blickte er sich um, was zu kaufen wäre, und dann erwarb er wieder eine Rindszunge. Er brachte sie nach Hause, kochte sie, würzte sie und trug sie zu Obatalah.

Als der große Herrscher auf der Schüssel abermals eine Zunge sah, wunderte er sich und sprach: „Zuerst hast du mir eine Zunge als beste Sache der Welt gebracht, jetzt bringst du sie mir als schlechteste Sache der Welt. Wie willst du mir das erklären?"

„Großer Herrscher", antwortete Orula, „die Zunge ist eine sehr wichtige Sache. Mit der Zunge kannst du den Menschen zur Arbeit antreiben und seinen guten Ruf vernichten. Mit der Zunge kannst du die Menschen ins Verderben stoßen und sie um ihren Lebensunterhalt bringen. Mit der Zunge kannst du deine Heimat verraten und dein Volk in Knechtschaft stürzen."

Als das Obatalah hörte, sagte er zu Orula: „Alles, was du sagst, ist wahr. Obwohl du jung bist, bist du ein sehr weiser Mann." Und er legte die Herrschaft über die Welt in seine Hände.

Kubanisches Märchen

Das Geräusch der Grille

Ein Indianer besuchte einen weißen Mann in der Stadt, mit dem er befreundet war. In einer Stadt zu sein, mit all dem Lärm, den Autos und den vielen Menschen um sich – das war neuartig und verwirrend für den Indianer.

Der weiße Mann wollte seinem Indianer-Freund die herrlichsten Dinge zeigen. Als sie die Straße entlanggingen, blieb der Indianer plötzlich stehen. Er sagte: „Mein weißer Freund, hörst du auch, was ich höre?"

Der weiße Freund des roten Mannes horchte, lächelte und sagte dann: „Alles, was ich höre, ist das Hupen der Autos und das Rattern der Straßenbahn. Ich höre die Stimmen und die Schritte der vielen Menschen um uns. Was hörst denn du?"

„Ich höre mitten in der Stadt, ganz in unserer Nähe, eine Grille zirpen", antwortete der Indianer.

Und wieder horchte der weiße Mann. Er schüttelte den Kopf. „Du musst dich täuschen", meinte er dann, „hier in unserer Stadt gibt es keine Grillen. Und selbst wenn es irgendwo eine Grille gäbe, würde man ihr Zirpen bei diesem Lärm nicht hören."

Der Indianer ging ein paar Schritte weiter. Vor einer Hauswand rankte wilder Wein an der Mauer empor. Er schob die Blätter auseinander. Und siehe da: die Grille, die ihr Lied zirpte!

Jetzt erst hörte auch der weiße Mann das Zirpen der Grille. Und er war über die Hellhörigkeit seines roten Freundes erstaunt. Als sie weitergingen, sagte der Weiße zu seinem Indianer-Freund: „Dein Gehör ist eben besser geschult als das meine. Indianer können besser hören als Weiße."

Da lächelte der Indianer. Er erwiderte: „Mein Freund, du täuschst dich. Mein Gehör ist nicht besser als das deine, nur bist du nicht darauf eingestimmt, hier eine Grille zu hören."

Nach einigen Schritten ließ der Indianer ein 50-Cent-Stück auf den Boden fallen. Sofort drehten sich mehrere Passanten nach dem Klang um. Ein Mann stellte sogar seinen Fuß auf die Münze und hob sie dann auf. Da sagte der Indianer zu seinem Freund: „Bemerkst du? Das Aufschlagen des Geldstückes war nicht lauter als das Zirpen der Grille – und doch haben die Menschen dieses Geräusch sehr gut gehört!"

Indianisches Märchen

Der kluge Zauberer

In lang vergangener Zeit lebte ein reicher Zauberer, der im ganzen Land berühmt war. Adelige, Würdenträger und allerhand wichtige Männer verneigten sich vor seiner Weisheit und baten ihn um Rat, das Volk aber sah zu ihm auf wie zu einem göttlichen Wesen.

Es gab nur einen einzigen Adeligen, der den beliebten Zauberer noch nie hatte leiden können.

Schon seit langem hatte er die Absicht, den Zauberer zu töten, aber bis jetzt hatte sich noch keine Gelegenheit ergeben. Deswegen dachte er sich einen neuen und schlauen Plan aus.

Er ging zum König und sagte zu ihm: „Eure Majestät, Ihr denkt, dass Ihr es seid, der dieses Land und seine Völker regiert, in Wirklichkeit jedoch sieht das Volk aber nicht den wahren König in Euch. Stattdessen gehorcht es den Befehlen eines wahrhaft bösen Zauberers. Ihn hält das Volk für seinen Anführer und Propheten. Er erzählte ihnen viele Lügenmärchen sogar über Euch, mein König – und ich fürchte sehr, dass er es auf Euren Thron abgesehen hat."

Der König wurde sehr ärgerlich, als er das hörte. Er rief zehn seiner besten Wächter herbei und befahl ihnen, den bösen Zauberer sofort an seinen Hof zu bringen.

Nachdem die Wächter sich auf den Weg gemacht hatten, erklärte er seinen Höflingen, dass sie sich darauf vorbereiten sollten, dem Zauberer den Kopf abzuschlagen, wenn er ihnen ein Zeichen geben werde.

Es dauerte nicht lange, und die Wachen hatten den Zauberer in ihrer Gewalt. Jetzt zerrten sie ihn vor ihren König.

„Ich habe gehört", sagte der König mit lauter Stimme, „dass du ein Lügner bist und dass du von den Leuten Geld dafür nimmst, dass du ihnen irgendwelche Unwahrheiten erzählst. Ist das war? Also erzähle mir, wer du bist und von was du lebst!“

„Eure Majestät“, antwortete der Zauberer, „ich bin ein weiser Mann. Ich weiß viel über die Vergangenheit und die Gegenwart, aber ich sage Euch auch die Zukunft voraus.“

Der König vernahm die Worte des Zauberers und sagte dann: „Wenn du dich für einen so weisen Mann hältst, dann beantworte mir eine Frage. Sage mir, wann ich sterben werde!“

Der kluge Zauberer dachte eine ganze Weile nach, ehe er antwortete: „Eure Majestät wird sterben – am Morgen nach meinem Tod!“

Alle Höflinge und auch die Palastwachen, die an die Weisheit des Zauberers glaubten, wurden ganz bleich bei diesen Worten. Auch der König begann zu zittern. Sofort gab er den Höflingen, die dem Zauberer eigentlich den Kopf abschlagen sollten, Anweisung, sich um den Gelehrten zu kümmern und ihn als den weisen Mann zu behandeln, der er war.

Von diesem Tag an lebte der Zauberer im Palast des Königs. Das Volk liebte und verehrte ihn mehr denn je, und der König scheute keine Mühe, um ihm Glück, Reichtum und ein langes, langes Leben zu ermöglichen.

Märchen aus Äthiopien

Es liegt in eurer Hand

In einem fernen Ort lebte ein alter weiser Mann. Er war beliebt im ganzen Lande, und wann immer einer seiner Mitmenschen Sorgen hatte, ging er zu ihm, um Rat zu holen, denn der alte weise Mann konnte aus einer reichen Lebenserfahrung schöpfen und gab stets guten Rat.

Dies wiederum machte einige seiner Mitbürger neidisch, die selbst gern für klug und weise gehalten worden wären. Sie beschlossen, dem alten Mann eine Falle zu stellen.

Aber wie?

Nach längerem Nachdenken kam man auf folgende Idee: Man wollte ein winziges Mäuslein fangen, es dem alten Mann in der geschlossenen Hand präsentieren und ihn fragen, was sich in der Hand befinde. Sollte der alte Mann wider Erwarten die Frage richtig beantworten, so würde er mit Sicherheit an einer weiteren Frage scheitern, nämlich der, ob es sich bei dem Mäuschen um ein lebendes oder um ein totes handele. Würde er nämlich sagen, es handele sich um ein lebendes, so könnte man die Hand zudrücken, und das Mäuschen wäre tot. Würde er hingegen sagen, es handele sich um ein totes Mäuschen, so könnte man die Hand öffnen und das Mäuschen herumlaufen lassen.

So vorbereitet, erschien man vor dem alten weisen Mann und fragte ihn, wie beabsichtigt.

Nach wenigem Überlegen antwortete der alte weise Mann auf die erste Frage: „Das, was ihr in der Hand haltet, kann nur ein ganz winziges Mäuslein sein."

„Nun gut", sagten die Neidischen, „da magst du recht haben, aber handelt es sich um ein lebendes oder ein totes Mäuslein?"

Der alte weise Mann wiegte seinen Kopf eine Weile hin und her, schaute seinen Mitbürgern dann in die Augen und sagte: „Ob das, was ihr in der Hand haltet, lebt oder tot ist, das liegt allein in eurer Hand."

Chinesisches Märchen

Die Flucht des Gärtners

In China lebte einmal ein Kaiser, Sohn des Himmels und mächtiger Herrscher der Welt. Eines Abends ging er über die blühenden Terrassen seiner kaiserlichen Gärten. Er erfreute sich an der Schönheit der blühenden Sträucher und am Duft der Rosen.

Da stürzte plötzlich sein erster Gärtner die Treppe herauf und fiel dem Kaiser vor die Füße. „O allmächtiger Herr", rief er, „eben, als ich dort unten die Rosenbüsche begoss, sah ich vor mir den leibhaftigen Tod. Hinter einem Baume spähte er hervor und erhob seine Hand. Sicher will er mir nach dem Leben trachten. Deshalb, großer Kaiser, leih mir dein schnellstes Ross, dein Zauberpferd

Zephir, das rascher ist als der Westwind, und lass mich entfliehen nach deinem Schlosse Tschanga, das in den Bergen versteckt liegt! Dort wird mich der Tod nicht finden. Noch vor dem Aufgang des Mondes kann ich dort sein."

„Nimm das Ross", sprach der Kaiser. „Um sein Leben zu bewahren, muss man alles einsetzen." Der Gärtner stürmte davon zu den Ställen. Und bald hörte man den silbernen Hufschlag des entfliehenden Rosses; wie ein Blitz entschwand es in der Ferne.

Sinnend ging der Kaiser weiter. Aber plötzlich sah auch er den Tod dicht vor seinem Weg mitten im Rosenbeet. Doch der Kaiser fürchtete sich nicht, sondern trat ihm rasch entgegen und fuhr ihn an: „Warum erschreckst du mir meinen Gärtner und bedrohst meine Leute hier vor meinen Augen?"

Tief verneigte sich der Tod und sagte: „Erhabener Herr, Sohn des Himmels, verzeih mir, dass ich dich erzürnte. Aber ich habe deinen Gärtner nicht bedroht. Als ich ihn so unerwartet hier vor mir in deinen Rosen sah, konnte ich nur ein Zeichen der Verwunderung nicht unterdrücken. Denn heute früh, als der Herr des hohen Himmels, dein Gebieter und meiner, seinen Dienern seine täglichen Befehle gab, da gebot er mir, diesen deinen Gärtner heute Abend beim Aufgang des Mondes in deinem Schloss Tschanga abzuholen. Darum wunderte ich mich, dass ich ihn hier antraf, so weit von jenem Schloss entfernt."

Da neigte sich der Kaiser ehrfürchtig vor dem unsichtbaren Herrn über Leben und Tod, blickte dann lange in den Kelch einer roten Rose und dachte bei sich: „Da rast nun der Mann auf dem schnellsten Pferd, das niemand einholen kann, vor dem Schicksal fliehend seinem Schicksal entgegen."

Aus China

Zu glauben ist schwer, nichts zu glauben ist unmöglich.

Victor Hugo

Die Seele in die Sonne halten

Dem Missionar einer Buschkirche in Neuguinea fiel ein Mann auf, der immer nach der Sonntagsmesse noch lange Zeit in der Kapelle auf dem Balken knien blieb, den man dort anstelle eines Knieschemels gebrauchte. Er konnte nicht lesen; er schaute nur mit auf der Brust gekreuzten Armen zum Altar, der jetzt abgeräumt und leer war.

Einmal nahm sich der Missionar ein Herz und fragte den Mann, was er denn da die ganze Zeit tue. Der antwortete lächelnd: „Ich halte meine Seele in die Sonne."

Überliefert

Dürsten nach Gott

Wie kann man einen Esel, der keinen Durst hat, trotzdem zum Trinken bewegen? Und wie kann man – bei allem Respekt – einen Menschen dazu bringen, nach Gott zu dürsten, wenn er diesen Durst verloren hat und er sich mit Bier und Schnaps, Fernsehen und Autofahren zufrieden gibt?

Soll man es mit dem Stock versuchen? Ein Esel ist aus härterem Holz als unser Stock. Außerdem, wer wird heutzutage zu einer solch autoritären Maßnahme greifen!

Soll man ihm Salz zu schlucken geben? Das wäre Tierquälerei.

Wie ihn dann dazu bewegen, freiwillig zu trinken? Es scheint nur eine Lösung zu geben: Man muss einen durstigen Esel herbeischaffen, der ausgiebig, mit großem Genuss und Behagen an der Seite seines Artgenossen aus dem Eimer trinkt. Aber ohne jedes Theater, einfach weil er Durst hat, einen großen unstillbaren Durst. Das wird seinen Kollegen nicht unbeeindruckt lassen. Die Lust wird ihn ankommen, sich zum Eimer zu neigen und in tiefem Zug das erfrischende Wasser zu schlürfen.

Menschen, die Hunger und Durst nach Gott haben, sind für ihre Mitmenschen eine bessere Predigt als viele erbauliche Reden.

Nach einer alten Geschichte

Ich werde dich immer lieben

Zur Zeit der spanischen Inquisition gelang es einem Juden, mit seiner Frau und seinen zwei Kindern vor seinen Verfolgern zu entfliehen. Er musste Haus und Hof, Hab und Gut zurücklassen. Nur seine Familie und ein paar Habseligkeiten konnte er auf ein Boot retten. In großer Hast setzte er die Segel und fuhr davon, dankbar, dass er wenigstens seine Lieben und sich gerettet hatte.

Kaum aber hatte er die offene See erreicht, zog ein schweres Gewitter am Himmel auf. Das Meer wurde unruhig. Die Wogen wuchsen zu Bergen und zu Tälern an. Brecher schlugen gegen das Boot. Sie rissen seine beiden Kinder über Bord und verschlangen ihr junges Leben in der dunklen Tiefe. Blitze zuckten über den Himmel und erhellten grell die Finsternis. Mit furchtbarem Getöse schlug ein Blitz in das Boot und erschlug des Juden Frau.

Er war allein. Kein Mensch um ihn. Keine Hilfe in Aussicht. Selbst Gott schien ihn, den Geschlagenen, verlassen zu haben. Als nach Stunden der Todesnot sich das Gewitter verzogen und die Wellen sich wieder geglättet hatten, betete der Jude zu seinem Gott:

„Gott Israels – ich bin geflohen, um dir ungestört dienen zu können, um deine Gebote zu erfüllen und deinen Namen zu heiligen. Du aber hast alles getan, damit ich nicht an dich glaube. Willst du mich wirklich von meinem Weg abbringen? Ich sage dir, mein Gott und Gott meiner Väter: Es wird dir nicht gelingen! Du kannst mich schlagen, mir das Beste und Teuerste nehmen, das ich auf dieser Welt habe. Du kannst mich zu Tode peinigen. Ich werde dennoch an dich glauben. Ich werde dich immer lieben – dir selbst zum Trotz.“

Rabbinische Geschichte

Wo wir ihn finden können

Zu Rabbi Josua kam ein Heide. Er hatte viele Fragen an den Meister und wollte von ihm vieles wissen. „Sag, Rabbi, warum sprach Gott aus einem Dornbusch, um mit Mose zu reden?"

Rabbi Josua antwortete: „Hätte Gott einen Ginsterstrauch oder einen Johannisbrotbaum oder einen Maulbeerbaum gewählt, so würdest du mir wohl die gleiche Frage gestellt haben. Aber ich will dich nicht ohne Antwort lassen: Gott hat gewiss den ärmlichen und kleinen Dornbusch gewählt, um uns zu belehren, dass er überall auf der Erde anwesend ist, selbst in einem Dornbusch."

Rabbinische Geschichte

Wo wohnt Gott?

Rabbi M. war zu Gast bei gelehrten Männern. Er überraschte sie mit der Frage: „Wo wohnt Gott?"

Sie lachten über ihn: „Was redet Ihr! Ist doch die Welt seiner Herrlichkeit voll!"

Er aber beantwortete seine eigene Frage: „Gott wohnt, wo man ihn einlässt."

Nach Martin Buber

Jetzt erkenne ich Gott

Einst lebte in einem fernen Land ein König, den am Ende seines Lebens die Schwermut befallen hatte. Er sprach zu seinem Hofstaat: „Alles, was ein Sterblicher sehen und erleben, haben und genießen konnte, ward mir zuteil. Nur Gott habe ich nicht erkannt. Bringt mir deshalb die Weisen und Priester meines Landes herbei! Sie sollen mir Gott nahebringen!“

Nach Ablauf der gesetzten Frist von drei Tagen kamen die Geladenen auf dem Schloss des Königs zusammen. Aber der Mund der Weisen und Priester blieb stumm.

Da kam ein Hirte vom Feld, der vom Ansinnen des Königs gehört hatte. Er sprach: „O König, gestatte mir, dass ich deinen Wunsch erfülle.“

„Gut“, entgegnete der König, „aber bedenke, dass es um deinen Kopf und Kragen geht.“

Der Hirte führte den König auf einen freien Platz und zeigte auf die Sonne. „Schau hinein“, sprach er. Der König erhob sein Haupt und wollte in die Sonne blicken. Aber der Glanz blendete seine Augen, dass sie tränten. „Willst du, dass ich mein Augenlicht verliere?“, sprach er zu dem Hirten.

„Aber mein König, das ist doch nur ein kleiner Abglanz der Größe Gottes, ein Fünkchen seines strahlenden Feuers. Wie willst du dann mit deinen schwachen Augen Gott schauen? Suche ihn doch mit anderen Augen!“

Die Antwort gefiel dem König. Er sprach zum Hirten: „Ich erkenne deinen Geist und bewundere die Größe deiner Seele. Beantworte mir noch eine Frage: Was war vor Gott?“

Der Hirte überlegte und sprach: „Zürne nicht wegen meiner Bitte, aber beginn einmal zu zählen!“

Der König begann: „Eins, zwei …“

„Nein“, unterbrach ihn der Hirte, „nicht so. Beginn mit dem, was vor eins kommt.“

„Wie kann ich das? Vor eins gibt es doch nichts.“

„Sehr weise gesprochen, Herr! Auch vor Gott gab es nichts.“

Diese Antwort gefiel dem König noch weit besser als die vorausgegangene.

„Beantworte mir noch eine dritte Frage: Was macht Gott?“

Der Hirte bemerkte, dass das Herz des Königs weich geworden war. „Gut“, entgegnete er, „auch diese Frage will ich beantworten. Nur um eines bitte ich dich, lass uns für eine Weile die Kleider tauschen!“

Der König legte die Zeichen seiner Würde ab und kleidete damit den Hirten; sich selbst aber zog er den unscheinbaren Rock an und hängte sich die Hirtentasche um.

Der Hirte setzte sich auf den Thron des Königs, ergriff das Zepter und wies damit auf den Herrscher, der mit seiner Hirtentasche vor den Stufen des Thrones stand: „Siehst du, das macht Gott: Die einen erhöht er, die anderen erniedrigt er.“

Dann zog der Hirte wieder seine eigenen Kleider an. Der König aber stand betroffen da. Das letzte Wort dieses schlichten Mannes beschäftigte ihn. Und plötzlich sprach er unter sichtbaren Zeichen der Freude: „Jetzt erkenne ich Gott!“

Nach Leo Tolstoi

Der Tänzer Unserer Lieben Frau

Es war einmal ein Gaukler, der tanzend und singend von Ort zu Ort zog, bis er der ewigen Wanderfahrt und aller Welt müde wurde. Da verschenkte er seine wenige Habe und trat in das Kloster zu Clairvaux ein. Der neue Laienbruder war schön und stattlich von Gestalt, doch die Bräuche und Sitten des Klosters kannte er gar nicht.

Er hatte ja seine ganze Zeit mit Springen, Tanzen, Radschlagen und Späßen verbracht. Nie war ein Mensch auf den Gedanken gekommen, ihn das Vaterunser, das Ave-Maria oder das Credo zu lehren. Daher staunte er voll Demut alles im Kloster an. Er sah, wie die Brüder das fromme Schweigen hielten. Er sah, wie die Gelehrten in den Studierstuben saßen und wundervolle Bücher schrieben. Er sah, wie jeder auf seine Weise dem Herrn diente, wie die Priester am Altar ihr heiliges Amt vollzogen, wie die Diakone das heilige Evangelium verkündeten, wie die Klosterschüler im Chor den Psalter sangen und wie selbst der kleinste von ihnen ohne Zaudern das Vaterunser aufsagen konnte.

Da stand er beschämt. Er dachte bei sich: „Ach, ich allein kann das alles nicht!“

Oft stand er auch lauschend vor den Zellen und hörte die Klagen und Wehrufe von drinnen, mit denen die Mönche Gott wegen ihrer Schuld um Gnade anflehten. Und wieder sprach er zu sich: „Ach, was tue ich denn hier? Ich kann nichts, als müßig herumstehen und gaffen. Nicht einmal des Brotes bin ich wert, das man mir gibt. Wenn die anderen das alles bemerken, werden sie mich mit Schande fortjagen, weil ich zu gar nichts nütze bin.“

In seinem Kummer flüchtete er aus des Tages Licht in eine unterirdische Kapelle, wo zwischen Kerzen das Bild der lieben Gottesmutter stand. Dort verkroch er sich sorgenvoll in einen Winkel. Plötzlich klang tief und voll die Münsterglocke, welche die Brüder zum Gottesdienst rief. Er hob das Haupt und sprang auf: „Soll ich hier liegen, während die anderen wetteifern, unseren Herrn zu loben? Was soll ich noch hier? Bin nicht auch ich in mancherlei Künsten erfahren? Nach Kräften dient ein jeder Gott. So will auch ich tun, was ich kann. Ich will der Gottesmutter hier eine Freude machen.“

Und rasch warf er die lange Kutte beiseite. Er stand nur noch mit dem Untergewand bekleidet da. Dann trat er demutsvoll vor das Bild der Gottesmutter Maria und sprach: „Dir, o meine Königin, befehle ich meine Seele und meinen Leib. Zu dir komme ich voll Vertrauen. Nimm mein kindliches Spiel an. Verschmäh nicht meine Verehrung und meine Liebe zu dir!“

Und während droben im Münster die Hymnen erklangen, begann er zu tanzen vor dem Bild der Lieben Frau. Vorwärts und rückwärts schlug er seine Räder. Er ging auf den Händen durch die Marienkapelle und überschlug sich in der Luft. Viele Arten von Figuren sprang er mit kunstgerechtem Schwung. Und nach jedem Tanz verneigte er sich vor dem Bild der Schönen Frau. „Das tu ich nur für dich, Maria, dass sich dein Auge daran erfreue, da du die ganze Welt erfreust – weil du Jesus für uns geboren hast.“

Und wiederum hob er an, die Hand auf die Stirne gelegt, mit kleinen Schritten zierlich in der Runde zu gehen; dabei weinte der ehemalige Gaukler und betete: „Liebe Frau, dir singe ich Ehre und Preis mit Herz und Leib, mit meinen Händen und Füßen. Droben im hohen Dom singen die Mönche Lobeshymnen Gott zu Ehren. Mich aber lass dein treuer Tänzer sein! Erbitte mir im himmlischen Palast eine kleine Wohnung, denn dein bin ich ganz und gar.“

Solange der Gesang von droben erklang, tanzte der Bruder Gaukler ohne Pause, bis ihm der Atem verging und die Glieder den Dienst versagten. In Ohnmacht sank er taumelnd zu den Füßen der Himmelskönigin nieder. Und siehe da: Die Liebe

Frau neigte sich mit gütigem Lächeln hernieder und fächelte ihm Frische mit ihrem Tüchlein zu, während sie ihm mit ihrer milden Hand das Feuer seiner Schläfen kühlte.

Ein Mönch hatte von draußen alles mit angesehen und heimlich den Abt herbeigeholt. Dieser ließ am anderen Tag den Laienbruder vor sich laden. Der Arme erschrak zu Tode, denn er glaubte, er solle wegen seines Müßigganges aus dem Kloster vertrieben werden. Er fiel also voll Zagen vor dem Abt auf die Knie und sprach: „Hochwürdigster Herr, ich weiß, ich kann bei Euch nicht bleiben. Ich will tun, was Ihr befehlt: Ich will wieder hinaus ins Elend gehen."

Der Abt jedoch neigte sich ihm voll Güte zu, küsste ihn und bat ihn, zu Gott für ihn und alle Brüder zu beten, damit sie einst von seinen Gnaden erben möchten.

Da ward der Bruder Gaukler vor Freude krank und kam zum Sterben. Und als sein letztes Stündlein gekommen war, trugen der Engel Scharen den Tänzer Unserer Lieben Frau zum allerhöchsten Sternenzelt.

Nach einer französischen Legende

Die fehlende Spur

Ich ging am Ufer des Meeres entlang. In der Einsamkeit und Ruhe des Strandes schaute ich auf mein ganzes Leben zurück, auf Tage in reiner Weltlichkeit und auf Ereignisse, in denen der Herr mir nahe war.

Unwillkürlich wandte ich mich um, um nach den Fußspuren zu suchen, die mir die Anwesenheit des Herrn zeigen sollten.

Da bemerkte ich, dass auf meinem Lebenspfad oft nur eine Spur zu sehen war – und zwar immer während der traurigsten und dunkelsten Zeiten meines Lebens.

Ich war sehr bewegt und fragte: „Herr, als ich mich entschloss, dir nachzufolgen, versprachst du mir, meinen ganzen Weg mit mir zu gehen. Nun habe ich bemerkt, dass während der schwersten Zeiten meines Lebens nur die Abdrücke von einem Paar Füßen zu sehen sind. Ich verstehe nicht, warum du mich gerade da allein gelassen hast, wo ich dich am allernötigsten brauchte …“

Der Herr antwortete mir: „Mein Freund, ich mag dich so sehr, dass ich dich niemals allein lassen würde in den Zeiten des Leidens und der Anfechtung. Wenn du nur eine Spur gesehen hast, so deshalb, weil ich dich diese Strecke Wegs auf meinen Armen getragen habe.“

Nach einer alten Parabel

Sie sind unterwegs

Ein jüdischer Rabbiner war in der Synagoge, um zu beten und zu lehren. Während dieser Zeit starben seine zwei Söhne. Seine Frau legte ein Tuch über sie, und als der Rabbi am Ende des Sabbats nach Hause kam und sich nach seinen zwei Söhnen erkundigte, sprach die Mutter: „Sie sind unterwegs!"

Dann trug sie ihrem Mann die Speisen auf, und nachdem der Rabbi gegessen hatte, fragte er abermals seine Frau: „Wo sind denn meine beiden Söhne – unterwegs wohin?"

Seine Frau antwortete ihm: „Vor langer Zeit kam ein Mann und gab mir etwas zum Aufbewahren. Jetzt kam er wieder, um es abzuholen. Ich habe es ihm zurückgegeben. War es richtig, Rabbi, so zu handeln?"

Der jüdische Lehrer sagte: „Wer etwas zum Aufbewahren erhalten hat, muss es seinem Eigentümer zurückgeben, wann immer dieser es zurückhaben möchte."

„Genau das habe ich getan", antwortete die Mutter der beiden Söhne. Dann führte sie den Rabbi hinauf ins Obergemach des Hauses, zog das weiße Betttuch weg und zeigte ihm die toten Söhne.

Da fing der Rabbi an zu weinen. Seine Frau aber fasste ihn am Arm und sprach: „Rabbi, du hast mir doch gesagt, dass wir das Aufbewahrte dem Eigentümer zurückgeben müssen, wann immer er es zurückhaben möchte."

Da sah der Rabbi ein, dass seine Frau recht hatte. Er hörte auf, über den Tod seiner Söhne zu weinen, und fügte sich in den Willen seines Gottes.

Rabbinische Geschichte

Die beiden Spiegel

Satan, der Spaß daran hat, alles zu verwirren, hatte einen Spiegel gemacht, an dem er seine teuflische Freude hatte. Dieser Spiegel zeigte alles Gute und Schöne ganz klein und zusammengeschrumpft, das Schlechte aber übergroß.

Überall hielt der Teufel diesen Spiegel hin. Und es gab kein Land und keine Menschen mehr, die nicht verzerrt darin zu sehen waren.

Eines Tages musste der Satan über das Ekelhafte, das er im Spiegel sah, so lachen, dass ihm dieser aus den Händen rutschte und zerbrach – in Tausende, ja Millionen Teile. Und ein böser Sturm, ein Orkan, trieb die Splitter über die ganze Erde.

Manche Splitter waren so klein wie ein Sandkorn. Sie saßen vielen Menschen in den Augen. Diese Menschen sahen an anderen alles verkehrt. Sie sahen nur das, was schlecht war. Andere Scherben flogen in Brillen, und wenn die Leute diese aufsetzten, dann war es schwer für sie, richtig hinzusehen und gerecht zu urteilen.

Als Gott sah, wie verkehrt viele Menschen alles sahen, wurde er traurig. Er beschloss, ihnen zu helfen. Er sagte: Ich will meinen Sohn in die Welt schicken. Er ist mein Ebenbild, mein Spiegel. Er spiegelt meine Güte und meine Gerechtigkeit wider. Er spiegelt den Menschen so, wie ich ihn gemeint habe!

Und Jesus wurde ein Spiegel für die Menschen. Er zeigte das Gute in den Menschen, sogar in Betrügern, Räubern und verachteten Frauen. Er ließ in den Kranken den Mut zum Leben wieder wachsen. Er tröstete die Menschen, die trauerten, und half ihnen, die Angst vor dem Tod zu überwinden.

Viele Menschen liebten diesen Spiegel Gottes und liefen Jesus nach. Sie waren begeistert von ihm. Andere aber ärgerten sich. Sie griffen ein und zerbrachen den Spiegel: Jesus wurde getötet.

Aber da erhob sich ein guter Sturm: der Heilige Geist. Er blies die Tausenden, die Millionen Splitter dieses Spiegels über die ganze Welt. Und er tut es auch heute noch. Wer nur ein Splitterchen dieses Spiegels ins Auge bekommt, der lernt die Welt und die Menschen so sehen, wie Jesus sie gesehen hat: Das Gute und Schöne fällt zuerst ins Auge, das Böse und Gemeine aber ist veränderlich und überwindbar.

Nach Hans Christian Andersen

Der Tod und der Gänsehirt

Einmal kam der Tod über den Fluss, wo die Welt beginnt. Dort lebte ein armer Hirte, der eine Herde Gänse hütete.

„Du weißt, wer ich bin, Kamerad?“, fragte der Tod.

„Ich weiß, du bist der Tod. Ich habe dich auf der anderen Seite hinter dem Fluss oft gesehen.“

„Du weißt, dass ich hier bin, um dich zu holen und dich mitzunehmen auf die andere Seite des Flusses.“

„Ich weiß. Aber das wird noch lange sein.“

„Oder wird nicht lange sein. Sag, fürchtest du dich nicht?“

„Nein“, sagte der Hirte. „Ich habe immer über den Fluss geschaut, seit ich hier bin, ich weiß, wie es dort ist.“

„Gibt es nichts, was du mitnehmen möchtest?“

„Nichts, denn ich habe nichts.“

„Nichts, worauf du hier noch wartest?“

„Nichts, denn ich warte auf nichts.“

„Dann werde ich jetzt weitergehen und dich auf dem Rückweg holen. Brauchst du noch etwas, wünschst du dir noch was?“

„Brauche nichts, hab alles“, sagte der Hirte. „Ich habe eine Hose und ein Hemd und ein Paar Winterschuhe und eine Mütze. Ich kann Flöte spielen, das macht mich immer froh. Meine Gänse verstehen nicht viel von Musik.“

Als dann der Tod nach langer Zeit wiederkam, gingen viele hinter ihm her, die er mitgebracht hatte, um sie über den Fluss zu führen. Da war ein Reicher dabei, ein Geizhals, der zeit seines Lebens wertvolles und wertloses Zeug an sich gerafft hatte: Klamotten, auch Gold und Aktien und fünf Häuser mit etlichen Etagen.

Der Mann jammerte und zeterte: „Noch fünf Jahre, nur noch fünf Jahre hätte ich gebraucht, und ich hätte noch fünf Häuser mehr gehabt. So ein Unglück, so ein Unglück, verfluchtes!“ Das war schlimm für ihn.

Ein Rennfahrer war unter ihnen, der zeit seines Lebens trainiert hatte, um den großen Preis zu gewinnen. Fünf Minuten hätte er noch gebraucht bis zum Sieg. Da erwischte ihn der Bruder Tod.

Dann war da ein junger Mann, der hatte an seiner Braut gehangen, denn sie waren ein Liebespaar gewesen, und keiner konnte ohne den anderen leben.

Ein schönes Fräulein war dabei mit langen Haaren. Und viele Reiche, die jetzt nichts mehr besaßen, und noch mehr Arme, die jetzt auch nicht das besaßen, was sie gerne hätten haben wollen. Ein alter Mann war freiwillig mitgegangen. Aber auch er war nicht froh, denn siebzig Jahre waren vergangen, ohne dass er das bekommen hatte, was er hatte haben wollen. Schlimm für sie alle. Als sie an den Fluss kamen, wo die Welt aufhörte, saß dort der Hirte. Und als der Tod ihm die Hand auf die Schulter legte, stand er auf, ging mit über den Fluss, als wäre nichts, und die andere Seite hinter dem Fluss war ihm nicht fremd. Er hatte Zeit genug gehabt, hinüberzuschauen, er kannte sich hier aus, und die Töne waren noch da, die er immer auf der Flöte gespielt hatte. Er war sehr froh.

Was mit den Gänsen geschah? Ein neuer Hirte kam.

Deutsches Märchen

Er war ein moderner Mensch

Ein Mensch verirrte sich in der Wüste. Weit und breit war nur Sand. Unbarmherzig brannte die Sonne. Ausgedörrt von der Glut und Hitze des Tages, lechzte er nach Wasser. „Nur ein paar Tropfen Wasser!", wünschte er sich.

Da sah der Mann in einiger Entfernung eine Oase, von mehreren Bäumen umstanden. „Ach, eine Fata Morgana", dachte er, „eine Luftspiegelung, die mich narrt! In Wirklichkeit ist dort nichts, gar nichts."

Der Mann näherte sich der Oase. Immer noch sah er sie vor sich. Jetzt konnte er ganz deutlich die Dattelpalmen erkennen und Gras und Rinnsale von Wasser. „Das ist eine Hunger-Fantasie, die mir mein halb wahnsinniges Hirn vorgaukelt", dachte er. „Solche Fantasien hat man bekanntlich in meinem Zustand."

Da, er hörte sogar das Wasser aus der Quelle hervorsprudeln. „Eine Gehör-Halluzination! Wie qualvoll mich doch mein Wahn täuscht!“

Kurze Zeit später fanden zwei Beduinen den Mann tot im Sand liegen.

„Kannst du so etwas verstehen?“, sagte der eine zum anderen. „Die Datteln wachsen ihm beinahe in den Mund. Und dicht neben der Wasserquelle liegt er verhungert und verdurstet. Wie ist das nur möglich?“

Da antwortete ihm der andere: „Er war ein moderner Mensch.“

Unbekannter Verfasser

Auf einen Blick

Vorlesezeit: bis 3 min. • 3–5 min. •• über 5 min. •••

Titel AutorIn	Thema	Vor- lese- zeit	Seite
Die ungleichen Brüder *Nach Johann Peter Hebel*	Mut und Tüchtigkeit sind der Schlüssel zum (materiellen) Erfolg.	•	7
Befreit – zum Leben *Aus dem Höhlengleichnis aus Platons „Staat“*	Zum Wahren und Wirklichen wird der Mensch nur durch die Befreiung von seinen Fesseln gelangen.	••	8
Das Hemd des Glücklichen *Nach einem Märchen*	Wahres Glück ist selten, braucht keinen Reichtum, es flieht ihn sogar und ist auch nicht übertragbar.	••	9
Der Glückliche und der Unglückliche *Estnisches Märchen*	Das Glück hilft nicht allein dem Tüchtigen, es muss auch der Richtige sein.	••	11
Die Maske *Volksmärchen aus dem fernen Osten*	Ein Dieb und Mörder versucht, seiner Maske, die der Prinzessin seine Schönheit vortäuschen sollte, gerecht zu werden, und wird schließlich ungewollt zu dem, was er äußerlich durch die Maske vorgetäuscht hatte – ein schöner, kluger und gerechter Mann.	•••	12

Titel AutorIn	Thema	Vor- lese- zeit	Seite
Das glück- lichste Fest *Armenisches Märchen*	Trotz Armut und Not sind der Holzfäller und seine Familie glückliche und fröhliche Menschen. Selbst als der König sie deshalb umbringen will, feiern sie mit ihrer Familie und mit Freunden ein Fest.	••	17
Der ausdau- ernde Jun Su *Chinesisches Märchen*	Jun Su lässt sich von seiner Armut nicht unterkriegen. Er lernt trotz seiner schweren Arbeit mit sehr viel Ausdauer, bis er ein großer Gelehrter ist.	•••	18
Wo der Him- mel beginnt *Nach einer alten Legende*	Wo Himmel und Erde sich berühren, finden zwei Mönche nach langer Wanderung die Tür zum Paradies. Als sie durch die Tür hindurchtreten, befinden sie sich wieder in ihren Klosterzellen.	•	21
Mann und Frau *Indische Legende*	Die Frau als Geschöpf Gottes ist voller Widersprüche gemacht. Der Mann, dem sie zugedacht ist, kann mit ihr nicht leben. Ohne sie jedoch auch nicht.	•••	22
So können die sich ändern! *Nach Mark Twain*	Entwickeln sich nur die jungen Menschen oder doch auch die alten? Hier ist alles auf den Kopf gestellt, vielleicht!	•	24
Die Börse, die Pfeife und der Hut *Französisches Märchen*	Drei Brüder bekommen von einer alten Frau drei wertvolle Geschenke. Einer der Brüder wird beim Kartenspiel von der Prinzessin betrogen und verliert alle drei Geschenke. Die alte Frau hilft ihm, alles wieder zu beschaffen und die Prinzessin zu bestrafen.	•••	25
Der kluge Hase *Afrikanisches Märchen*	Der Löwe, der König der Tiere, versetzt alle in Angst und Schrecken. Ein mutiger kleiner Hase schafft es, ihn mit einer List davonzujagen.	•••	31

Titel AutorIn	Thema	Vor- lese- zeit	Seite
Die Geschichte von der Wild-taube *Nach Sören Kierkegaard*	Von zahmen Tauben wird eine Wildtaube dazu verleitet, ihr Futter zu horten, um so, allerdings vergeblich, zu Wohlstand zu gelangen. Der Versuch, im Schlag der zahmen Tauben Futter zu ergattern, endet tödlich.	•••	34
Im Gegen-dienst *Äsop*	Eine kleine Maus verspricht dem Löwen, ihm einmal zu helfen – der Löwe lacht. Doch als der Löwe in einem Netz gefangen wird, kann die kleine Maus das Netz aufnagen.	•	36
Ich muss den Himmel halten *Alte Erzählung*	Ein kleines Vögelchen glaubt, den Himmel mit seinen Füßen vor dem Herabfallen halten zu müssen. Ein Irrtum, wie sich herausstellt.	•	37
Das Eichhörn-chen und der Wolf *Russische Fabel*	Der böse und misstrauische Wolf gibt das von ihm gefangene Eichhörnchen frei, um zu erfahren, warum er so unlustig und traurig ist.	•	38
Das verwandel-te Reiskorn *Nach Rabin-dranath Tagore*	Ein Bettler träumt vom großen Glück, doch der reiche König verlangt ein Geschenk von ihm. Er gibt ein Reiskorn, das er verwandelt zurückerhält.	•	39
In den Armen des Vaters *Aus Deutschland*	Ein Kind bleibt zurück im brennenden Haus. Es vertraut dem rufenden Vater und springt in dessen Arme.	•	40
Zerstörte Hoffnung *Erzählt nach Schlomo Karlin*	Ein gefundenes Ei sollte als Start für eine großartige Kaufmannskarriere dienen. Jedoch alle Träume zerbrachen – mit dem Ei.	•	41
Die Befreiung des Gefange-nen *Nach einem indischen Märchen*	Liebe macht erfinderisch: Eine Frau befreit ihren Mann mit Hilfe eines seidenen Fadens aus einem Turm.	••	42

Titel AutorIn	Thema	Vor- lese- zeit	Seite
Deine Last hat mich stark gemacht *Afrikanische Geschichte*	Gerade wegen ihrer steinernen Last in der Krone wächst eine Palme zu großer Höhe heran und straft den bösen Neider Lügen.	•	43
Freunde müssen einander helfen *Indonesisches Märchen*	Eine Grille tut alles, um ihre Freundin, eine Ameise, aus dem Fluss zu retten. Allerdings muss sie zunächst zahlreiche Forderungen anderer Tiere erfüllen, bevor sie das richtige Hilfsmittel für die Rettung bekommt.	••	44
Der ungerechte Schah *Persisches Märchen*	Ein ungerechter und unbarmherziger Schah verwüstet sein ganzes Land. Sein Wesir macht ihm durch eine Geschichte deutlich, wie ungerecht er ist. Der Schah ändert sich.	••	47
Der Blinde und der Lahme *Märchen aus Indien*	Nur durch gegenseitige Hilfe retten sich der Blinde und der Lahme vor dem Feuer.	•	48
Der nächste Tag *Märchen aus Afghanistan*	Ein König stellt verkleidet einen Flickschuster jeden Tag auf eine neue Probe, um zu sehen, wie er sein Leben meistert. Der Schuster besteht alle Proben und wird vom König zu seinem Berater ernannt.	•••	49
Ein Zeichen Gottes *Rabbinische Geschichte*	Ein jüdisches Ehepaar, das keine Kinder bekommt, trennt sich, doch die Frau behält ihr Liebstes – ihren Mann – und wird endlich schwanger.	••	53
Und der Krieg unterblieb *Chinesisches Märchen*	Die Gefahr, durch einen Krieg das Glück von zwei Menschen zu zerstören, verhindert den Krieg.	•	54
Der Supermarkt der Engel *Unbek. Verf.*	Zu kaufen ist eine bessere Welt nicht. Aber die Menschen können den Samen dazu bekommen.	•	55

Titel AutorIn	Thema	Vor- lese- zeit	Seite
Drei Freunde *Johann Gottfried Herder*	In einem Gleichnis zeigt sich, welcher Freund eines Menschen dessen Weg bis zum Ende – seinem Tod – mitgehen wird.	••	56
Das Zwiebelchen *Fjodor M. Dostojewski*	Eine Frau, die in ihrem Leben keine einzige gute Tat vollbracht hatte, zeigt sich selbst in der Hölle noch abgrundtief böse und bleibt im Feuersee.	••	57
Gefährten oder Tod *Rabbinische Geschichte*	Der Johannisbrotbaum, den ein Mensch pflanzt, trägt seine Früchte erst spät – und nicht für ihn selbst, sondern für Kinder und Enkel.	•	58
Das Fest fand nicht statt *Aus China*	Jeder Hochzeitsgast sollte Wein mitbringen und ihn in ein bereitgestelltes Fass gießen, um dann gemeinsam daraus zu trinken. Das Fass enthielt aber nur Wasser.	••	59
Die Legende vom Senfsamen *Aus China*	Eine Mutter, deren Sohn gestorben war, verfiel in tiefe Trauer. Aber die Beschäftigung mit dem Leid anderer Menschen ließ sie ihr eigenes allmählich vergessen.	••	61
Ich sehe nur einen einzigen Sohn *Nach einer alten Geschichte*	Zwei von drei Frauen loben die besonderen Leistungen ihrer Söhne. Der Sohn der dritten hat nichts besonderes vorzuweisen, ist aber der Einzige, der seiner Mutter zu Hilfe kommt.	••	62
Die beiden Brüder *Aus dem Hebräischen*	Zwei Brüder, einer mit, der andere ohne Familie, sind so umeinander besorgt, dass sie alles für einander tun. Dort wollte Gott wohnen.	••	63
Lieber Bambusbaum, ich brauche dich *Chinesische Geschichte*	Der Bambusbaum wird gebraucht, muss aber dazu gefällt und zerteilt werden. Der Baum trauert, fügt sich aber in sein Schicksal, um als lebensspendende Wasserrinne zu dienen.	••	65

Titel AutorIn	Thema	Vor- lese- zeit	Seite
Ist mein Geld nicht gut genug? *Russische Legende*	Ein reicher Geizhals nimmt sein Geld mit in den Himmel. Als er die feinsten Speisen bezahlen will, erfährt er, dass nur das auf Erden verschenkte Geld hier Zahlungsmittel ist.	•	82
Das Leben fragt auch mich *Afrikanisches Märchen*	Das Leben heilt drei Menschen von verschiedenen Krankheiten. Doch nur einer dieser Drei erinnert sich nach einigen Jahren an diese Heilung.	•••	83
Die drei Fragen des Königs *Nach Leo Tolstoi*	Wüsste man, wann man mit einer Sache beginnen sollte, mit welchen Menschen man sich abgeben sollte und welche Sache am dringlichten zu erledigen sei, dann würde man keine Fehlschläge erleiden. Nur in einer Einsiedelei findet der König die Antwort in einer Kette von Ereignissen.	•••	86
Die kleine Quelle *Märchen aus Nordafrika*	Die Aufgabe der kleinen Quelle besteht nicht darin, die ganze Wüste zum Grünen zu bringen, sondern dieser einen Blume Leben zu spenden.	•	92
Der Bettler *Nach Iwan Turgenjew*	Wenn man mit leeren Händen zum Bettler kommt, bewirkt ein Händedruck Gutes – auf beiden Seiten.	•	93
Der Pelikan *Afrikanische Sage*	In großer Not gibt der Pelikan sein Blut für seine Jungen und ermöglicht deren Leben durch seinen Tod.	•	94
Lesen Sie, Majestät! *Unbekannter Verfasser*	Aus Liebe zu ihrem Gemahl folgt die bis in den Tod treue Katharina in die Kerkerhaft. Nach langen Leidensjahren werden beide wieder frei.	•	94
Die zwei Möglichkeiten *Rabbinische Geschichte*	Ein Rabbi darf Hölle und Himmel besichtigen und macht eine erstaunliche Entdeckung über den Unterschied.	•	95

Titel AutorIn	Thema	Vor- lese- zeit	Seite
Das gefällt Gott *Rabbinische Geschichte*	Der Spaßmacher und Gaukler wird von Gott gerettet, denn er ist der Einzige, der allen Menschen vielfältig nützlich ist.	•	97
Die Steinsuppe *Mittelalterliche Legende*	Soldaten beginnen, eine Suppe von Steinen zu kochen, und werden von den anfänglich ablehnenden Bürgern schließlich doch mit den notwendigen, essbaren Zutaten versorgt.	•	98
Nacht und Tag *Jüdische Legende*	Die Nacht ist erst zu Ende, wenn man das Gesicht eines Menschen als Bruder oder Schwester erkennt.	•	99
Auf dich kann man sich verlassen! *Unbekannter Verfasser*	Einem scheinbar unverbesserlichen Jungen wird erstmals Vertrauen entgegengebracht – und er enttäuscht nicht.	•	99
Das kleine Lob *Deutsches Märchen*	Das kleine Lob wandert umher und möchte von den Menschen angenommen und verwendet werden, jedoch stets erfolglos. Enttäuscht fordert es zur Umkehr auf.	••	101
Der Ire im Himmel *Aus Irland*	Mit Sorge sieht ein Ire, der vor Gott steht, dass alle vor ihm wegen ihrer guten Taten in den Himmel kommen. Ihm fiel für sich nichts ein, doch er hatte Gott einmal zum Lachen gebracht.	••	103
Die Waage des Königs *Chinesisches Märchen*	Ein armer Junge besitzt nicht mehr als ein Stück Brot, das nie ausgeht, wenn man es teilt. Dieses Brot wiegt mehr als alle Schätze des Königs.	•••	104

Titel AutorIn	Thema	Vor- lese- zeit	Seite
Der Fuchs und der Ziegenbock *Äsop*	In den Brunnen gefallen, lockt der Fuchs den durstigen Ziegenbock hinein und kann dann durch eine List entkommen. Doch bricht er sein Versprechen und lässt den Ziegebock zurück.	•	126
Eine Zunge ist eine sehr wichtige Sache *Kubanisches Märchen*	Der designierte Nachfolger des Herrschers über die Welt zeigt, dass er seiner Aufgabe gewachsen ist. Er weiß um die Bedeutung der Zunge als Instrument, Menschen Gutes oder Böses anzutun.	•••	127
Das Geräusch der Grille *Indianisches Märchen*	Ein Indianer hört zum Erstaunen des weißen Mannes trotz der lauten Stadtgeräusche eine Grille zirpen. Als der Indianer eine Münze fallen lässt, drehen sich die Passanten nach dem Geräusch um, obwohl es nicht lauter ist als das Zirpen der Grille.	•••	130
Der kluge Zauberer *Märchen aus Äthiopien*	Der König will einen weisen Zauberer töten lassen, da ihm zugetragen wurde, dass dieser ihn hintergeht. Er stellt dem Weisen die Frage: „Wann werde ich sterben?" Der Weise antwortet: „Am Morgen nach meinem Tod". Von da an hat der Weise beim König ein sehr gutes Leben.	•••	131
Es liegt in eurer Hand *Chinesisches Märchen*	Neider wollen einem weisen Mann eine Falle stellen. Er soll erraten, ob die Maus in ihrer Hand lebendig oder tot ist. Der Weise sagt: „Ob das, was ihr in der Hand haltet, lebt oder tot ist, das liegt allein in eurer Hand."	••	134
Die Flucht des Gärtners *Aus China*	Nachdem der Tod unerwartet dem Gärtner des Kaisers bei der Arbeit im Rosenbeet begegnet, flieht der Gärtner auf dem schnellsten Pferd auf das weit entfernte Schloss des Kaisers in den Bergen – wo ihn der Tod erwartet.	••	135

Titel AutorIn	Thema	Vor- lese- zeit	Seite
Die Seele in die Sonne halten *Überliefert*	Er blieb noch lange nach der Sonntagsmesse vor dem Altar sitzen. Er ließ die Sonne auf seine Seele scheinen.	•	138
Dürsten nach Gott *Nach einer alten Geschichte*	Wenn ein Esel nicht trinken will, so wird er wohl durch einen anderen, durstigen Esel zum Trinken angeregt.	•	138
Ich werde dich immer lieben *Rabbinische Geschichte*	Ein Jude auf der Flucht vor der Inquisition verliert alles, was ihm lieb und teuer ist, trotzig bewahrt er dennoch seinen Glauben an Gott.	••	139
Wo wir ihm finden können *Rabbinische Geschichte*	Gott sprach aus einem Dornbusch zu Mose, wohl um zu zeigen, dass er überall anwesend ist, selbst im ärmlichen Dornbusch.	•	141
Wo wohnt Gott? *Nach Martin Buber*	Eine nicht überraschende Antwort auf eine schwere Frage.	•	141
Jetzt erkenne ich Gott *Nach Leo Tolstoi*	Nicht Weise oder Priester, sondern ein einfacher Hirte öffnet dem König die Augen, um Gott zu erkennen.	•••	142
Der Tänzer Unserer Lieben Frau *Nach einer französischen Legende*	Ein Gaukler geht nach langen Jahren der Arbeit ins Kloster und stellt fest, dass er nichts von dem kann, was alle dort gläubig tun. Schließlich bietet er das, was er kann, vor der Jungfrau Maria in deren Kapelle dar und wird von ihr ewig belohnt.	•••	144
Die fehlende Spur *Nach einer alten Parabel*	Zurückblickend vermisst ein Mensch in seinen dunkelsten und traurigsten Lebensabschnitten die Fußspuren Gottes neben seinen eigenen. In jenen Zeiten hat Gott ihn getragen.	••	148

Titel AutorIn	Thema	Vor- lese- zeit	Seite
Sie sind unterwegs *Rabbinische Geschichte*	Die beiden Söhne eines Rabbi sind gestorben. Die Mutter erklärt, dass sie Gott nur das zurückgeben musste, was sie für ihn aufbewahrt hatte.	••	149
Die beiden Spiegel *Nach Hans Christian Andersen*	Des Teufels Spiegel, der alles Schlechte auf der Welt vergrößert, zerbricht und die Splitter verteilen sich auf der ganzen Welt. Gottes Sohn Jesus spiegelt auf Erden den Menschen so, wie Gott ihn gemeint hat. Auch dieser Spiegel zerbricht und der Heilige Geist zerstreut die Splitter auf der ganzen Welt.	••	150
Der Tod und der Gänsehirt *Deutsches Märchen*	Der Gänsehirt erwartet gelassen den Tod. Im Gegensatz zu vielen anderen, die der Tod holte, hatte sich der Gänsehirt lange genug auf seinen Weg auf die andere Seite des Flusses vorbereitet.	•••	152
Er war ein moderner Mensch *Unbekannter Verfasser*	Ein Verdurstender in der Wüste ist fest der Meinung, dass die Oase vor ihm nur eine Fata Morgana sei, und verdurstet schließlich wirklich.	•	154